Empresa y administración

Paraninfo

Empresa y administración

Enrique García Prado

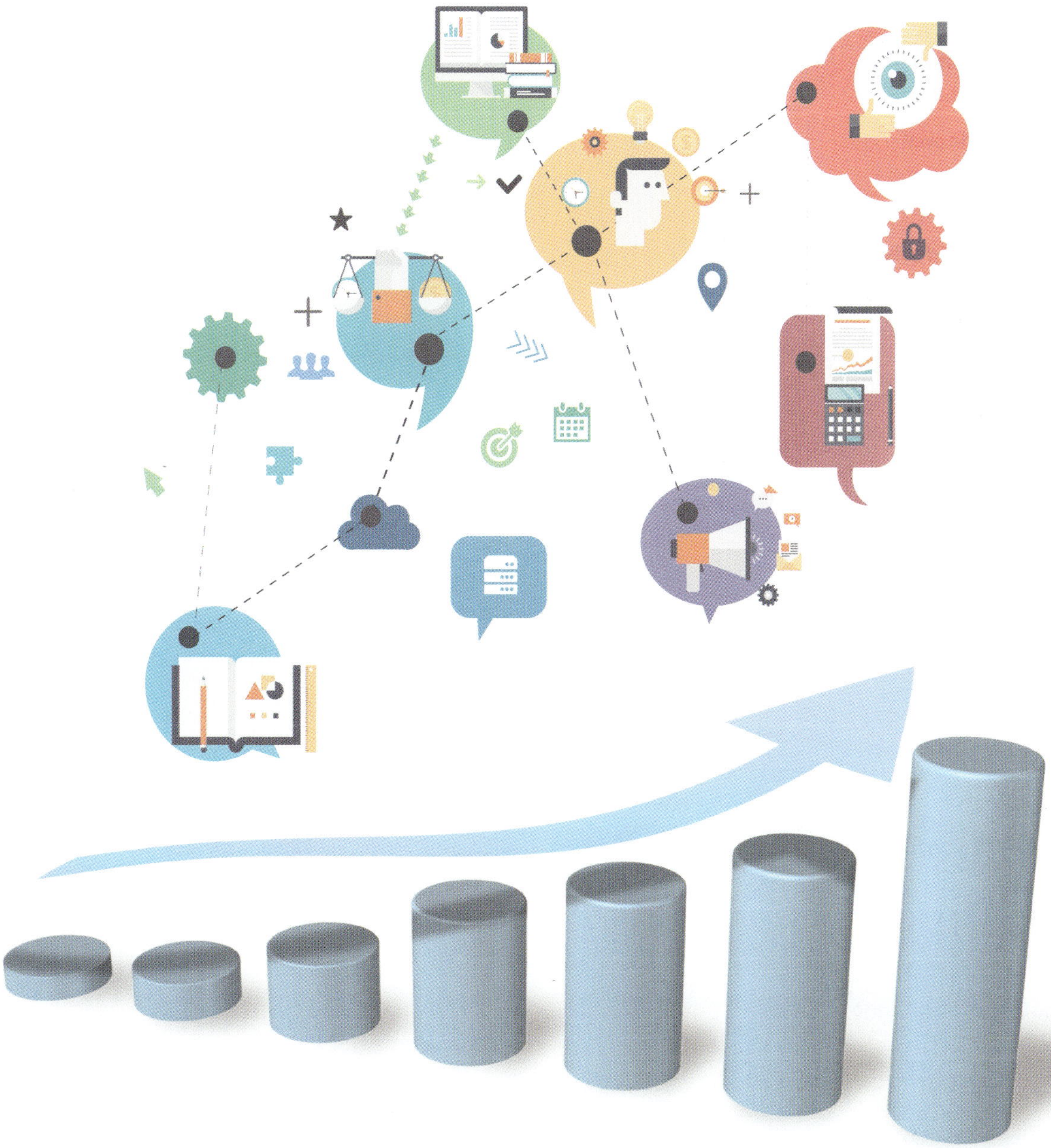

Paraninfo

Empresa y administración

Gerente Editorial
María José López Raso

Técnico Editorial
Paola Paz Otero
Sofía Durán Tamayo

Editora de Adquisiciones
Carmen Lara Carmona

Producción
Nacho Cabal Ramos

Diseño de cubierta
Ediciones Nobel

Preimpresión
Ediciones Nobel

1.ª edición, 2020

C/ Velázquez 31, 3.° Dcha. / 28001 Madrid (ESPAÑA)
Teléfono: 914 463 350 / Fax: 914 456 218
clientes@paraninfo.es / www.paraninfo.es

ISBN: 978-84-283-4270-4
Depósito legal: M-10935-2020

(20.760)

Impreso en España / *Printed in Spain*

Lavel Industria Gráfica
(Humanes de Madrid, Madrid)

Se recomienda que el alumnado realice las actividades sobre el cuaderno y no sobre el libro.

A mi madre.

Presentación

Este libro desarrolla los contenidos del módulo profesional de **Empresa y administración,** del Ciclo Formativo de grado medio de Gestión Administrativa, perteneciente a la familia profesional de Administración y Gestión.

Las unidades del libro se acompañan de multitud de **recursos didácticos** que ayudarán al futuro técnico a comprender la materia y acercarlo a su inminente realidad laboral:

- Casos prácticos resueltos y propuestos.
- Recuadros de texto con información complementaria.
- Gran cantidad de actividades propuestas y resueltas intercaladas con la teoría.
- Numerosas ilustraciones y fotografías.
- Vocabulario técnico en cada unidad.
- Mapas conceptuales.
- Actividades de tipo test y de desarrollo en cada unidad.
- Enlaces web de interés.

Este libro dispone de los siguientes **materiales y recursos** disponibles en línea para el **profesorado que confirme su adopción** como libro de texto para impartir la materia:

- **Programación didáctica.**
- **Solucionario.**
- **Examina.**
- **Presentación en PowerPoint.**
- **LDP (libro digital proyectable).**

Contenido

Unidad 6 **149**

LAS RELACIONES ENTRE ADMINISTRADO Y ADMINISTRACIÓN PÚBLICA

Unidad 7 **177**

GESTIÓN DE LA DOCUMENTACIÓN ANTE LA ADMINISTRACIÓN PÚBLICA

Unidad 1

LA EMPRESA Y EL EMPRESARIO

Contenidos

Objetivos

- Estudiar el concepto de empresa.
- Distinguir entre personalidad física y jurídica.
- Saber diferenciar una empresa según su constitución legal.
- Conocer las características de un empresario autónomo y de los diferentes tipos de sociedades.
- Identificar cuál es la forma jurídica más adecuada para cada tipo de empresa.

Introducción

A lo largo de la **historia** las actividades económicas que ha desarrollado el ser humano para satisfacer sus necesidades han evolucionado dando lugar a diferentes etapas.

Inicialmente, los primeros pobladores satisfacían sus necesidades de forma individual y eran solamente necesidades de subsistencia. A medida que se ha ido evolucionando se ha comprendido que las necesidades se satisfacen mejor en grupos, lo que dio lugar a una **«economía de producción»** que permitía cubrir el autoconsumo y además tener excedentes para intercambiar por otros productos (economía de trueque). Este tipo de economía generaba problemas en los intercambios ya que era muy complicado valorar los diferentes productos. La manera de solucionarlo fue la aparición del dinero.

Posteriormente y hasta llegar a la época actual, se pasa por la etapa de la Revolución Industrial, momento en el cual aparecen las primeras grandes empresas para llevar a cabo la producción en masa, y a su vez aparecen los primeros bancos para financiar la **creación y potenciación** de estas.

1.1. Necesidades del individuo y formas de satisfacerlas

Cuando el individuo trata de conseguir bienes para satisfacer sus necesidades, suelen establecerse unas preferencias o prioridades.

Los primeros bienes que se desean son los que satisfacen las **necesidades primarias** como, por ejemplo, la comida, la ropa, etc. Una vez satisfechas estas, el ser humano busca cubrir otro tipo de necesidades menos importantes para la subsistencia, como viajar, ocio, ropa de marca... Son las **necesidades secundarias.**

Las necesidades humanas se satisfacen con **bienes** y **servicios,** que habrá que producir y distribuir para su consumo entre los miembros de la sociedad:

1. **Bienes:** son productos **materiales** y sirven para satisfacer las necesidades de los individuos. Por ejemplo: ropa, comida, etcétera.
2. **Servicios:** son entes **inmateriales,** actividades que sirven para satisfacer necesidades humanas. Por ejemplo: el cine, la peluquería, el hospital, etcétera.

Para saber más

La **actividad económica** es toda actividad humana encaminada a satisfacer las necesidades del individuo.

La actividad económica por excelencia es la producción de bienes y servicios, puesto que, sin ella, no sería posible ni la distribución ni el consumo de estos. Los agentes económicos responsables de la actividad económica son:

- Las familias.
- Las empresas.
- El sector público o Estado.

Sabías que

Necesidad es la sensación de carencia de algo unido al deseo de hacerla desaparecer. Esta sensación está muy bien explicada en la película *El lobo de Wall Street*, que narra la vida del corredor de bolsa neoyorquino Jordan Belfort, conocido como «el lobo de Wall Street». La cinta explica cómo llegó a convertirse en multimillonario aprovechándose del mercado de inversión.

En la película se ve claramente el concepto de **necesidad** y se ha convertido en un clásico a la hora de poner un ejemplo. La escena se desarrolla entre Belfort y un colega:

Belfort: Véndeme este bolígrafo.

Colega: ¿Quieres que te venda este boli? Está bien, escríbeme tu nombre en la servilleta.

Belfort: No tengo boli.

Colega: Exacto, oferta y demanda, amigo mío.

Belfort: ¿Veis lo que digo? Hay que crear necesidad. Hacer que quieran comprar las acciones, como si lo necesitaran.

Por tanto, es necesario un proceso de producción, distribución y consumo. Estas actividades se denominan **actividades económicas.**

Figura 1.1. El término «bien de primera necesidad» se utiliza en economía para estudiar los distintos tipos de bienes. Tal y como se ve en las imágenes se trata de productos o servicios considerados fundamentales.

Vocabulario

Consumo: es la utilización de los bienes y servicios por parte de las familias para satisfacer sus necesidades.

Distribución: es toda actividad encaminada a acercar los bienes a los consumidores.

Producción: es toda actividad encaminada a generar bienes y servicios.

Es fundamental para cualquier empresa tener muy presentes las necesidades del público al que se dirigen, tanto de sus clientes reales como potenciales. En caso contrario, fracasaría económicamente, pues no conseguirá mantener a las personas que ya son clientes ni atraer a otros nuevos.

Actividades propuestas. Bienes y servicios

1.1. De las siguientes actividades empresariales, indica qué tipo de bien o servicio suministran:

Empresa	Bien o servicio
Hospital	
Tienda de telefonía móvil	
Agencia de viajes	
Gimnasio	
Piscina municipal	
Restaurante	
Tienda de ropa	
Cine	
Hotel	
Autobús urbano	

1.2. A la vista del entorno donde vives, señala tres empresas en las que alguna vez hayas adquirido algún bien o algún servicio.

Los bienes se pueden clasificar atendiendo a diferentes criterios. Se van a utilizar dos de ellos, que se recogen en la Tabla 1.1.

Tabla 1.1. Tipos de bienes

Según su escasez y abundancia	
Bienes económicos	Son **escasos** en cantidad en relación con los deseos que hay de ellos. Es necesario producirlos y pagar un precio por ellos. Por ejemplo: un coche.
Bienes libres	Son **ilimitados** en cantidad o muy abundantes y no son propiedad de nadie. Por ejemplo: el aire, el sol, dar un paseo, etcétera.
Según su naturaleza	
Bienes de producción o de capital/inversión	No atienden directamente a las necesidades humanas, pero sirven para producir otros bienes. Por ejemplo: una máquina para fabricar productos.
Bienes de consumo	Son aquellos que se destinan directamente a satisfacer una necesidad.

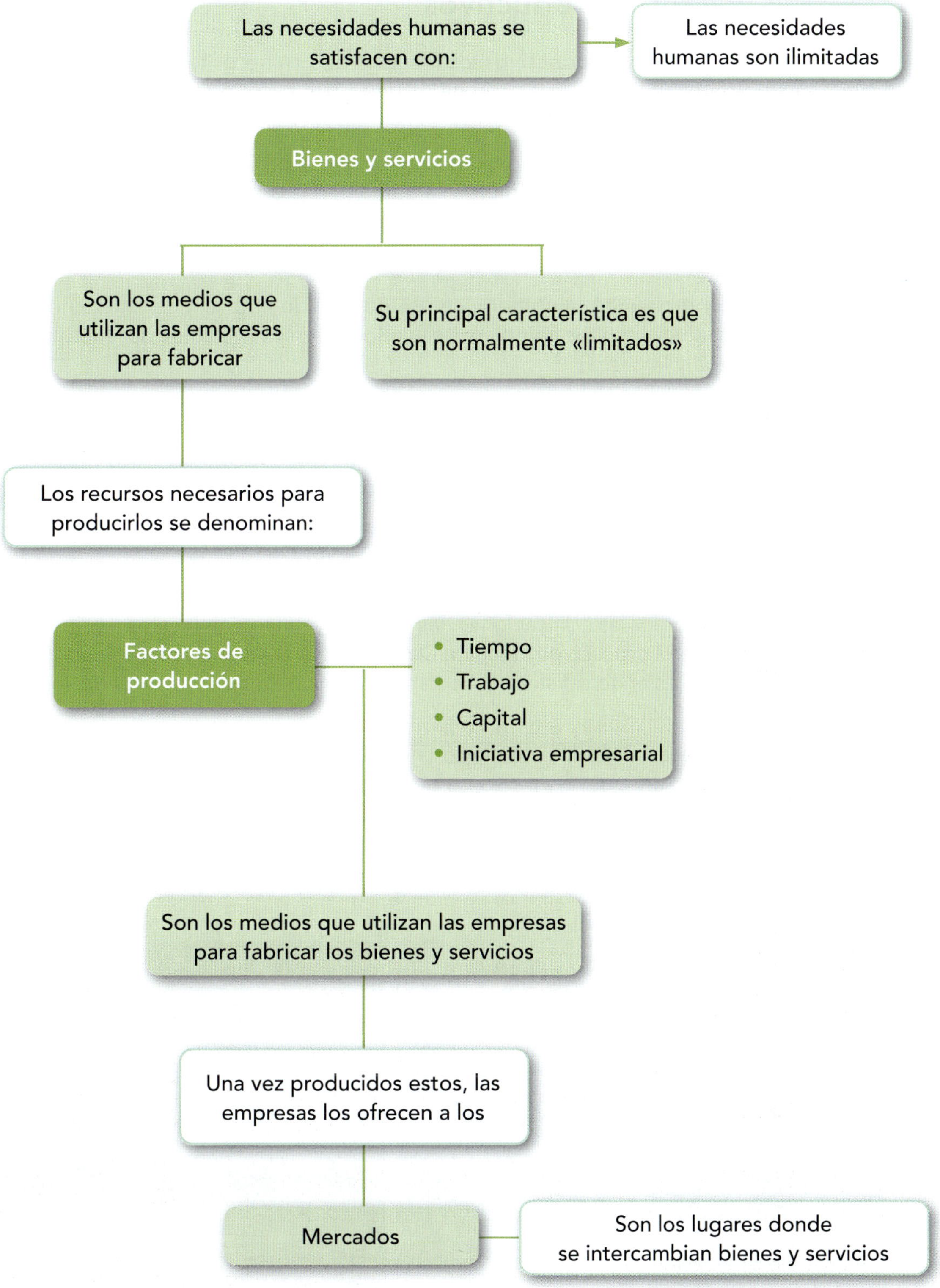

Figura 1.2. Esquema de las necesidades y de los factores productivos.

1.2. Factores productivos

Se definen como **factores productivos** los recursos que se necesitan para elaborar bienes y servicios. La sociedad dispone de una serie de recursos con los que elaborarlos; sin ellos es imposible conseguir la producción deseada y, por tanto, satisfacer las necesidades de los ciudadanos.

Los recursos o factores de producción son los elementos básicos empleados en la producción y distribución de bienes y servicios. También se utilizan en la producción de los bienes otros **bienes intermedios** que formarán parte del **producto final.**

Los factores productivos se clasifican en cuatro grandes grupos:

1. **Tierra.** En economía el término tierra se usa en sentido amplio y se refiere no solo a la tierra urbana y cultivable, sino que también incluye los recursos naturales del suelo firme y del mar, como la minería y la pesca.
2. **Trabajo.** Se refiere a las facultades físicas e intelectuales de los seres humanos que intervienen en el **proceso productivo** (el proceso productivo es el conjunto de fases necesarias para elaborar un bien). El trabajo es el factor productivo básico. Los trabajadores utilizan materias primas y bienes intermedios y, con la ayuda de maquinaria, los transforman hasta convertirlos en bienes. Cualquier bien, para ser elaborado, necesita de la actividad humana.
3. **Capital.** Es el conjunto de bienes que se emplean en la producción de otros bienes y servicios. Comprende dos grandes grupos: por un lado, el **capital financiero** (dinero), y por otro, el **capital físico** formado por las edificaciones, las fábricas, la maquinaria y los equipos, y demás medios utilizados en el proceso productivo. Dentro del factor capital se incluyen todos los bienes cuyo objetivo no es el de satisfacer directamente una necesidad, sino el de servir para la producción de otros bienes.
4. **Iniciativa empresarial.** Se define como la capacidad de reunir los recursos necesarios para producir bienes y servicios. Las personas que tienen la iniciativa empresarial son las que se dan cuenta de la oportunidad de crear productos nuevos o mejorar los ya existentes y reúnen los recursos necesarios para producirlos. (Alfred Marshall ya en 1890 consideró la iniciativa empresarial como el 4.° factor productivo.)

Figura 1.3. Elementos que representan el factor productivo aportando a la economía de forma combinada esfuerzos manuales e intelectuales de los individuos, para alcanzar riqueza.

Actividad resuelta 1.1. Los factores de producción

Un agricultor se dedica al cultivo del trigo para venderlo a empresas que fabrican harina. ¿Qué factores productivos de los enumerados tendrá que utilizar?

Solución:

Este empresario utilizará **la tierra** de que dispone, semillas, trabajo, maquinaria, fertilizantes, tecnología de riego, etc. Por otra parte, pondrá **el trabajo** y contratará, si lo necesita, a otras personas para que le ayuden. En cuanto al **capital,** tiene que saber de cuánto fondo financiero y físico propio dispone (dinero, maquinaria...) y de la posibilidad de conseguir capital ajeno. La **iniciativa empresarial** se da cuando este agricultor une todos los recursos con los que cuenta para cultivar, recoger y vender el trigo.

Actividad propuesta 1.3. Los factores de producción

Describe los factores productivos que intervienen en la fabricación de un mueble de cocina.

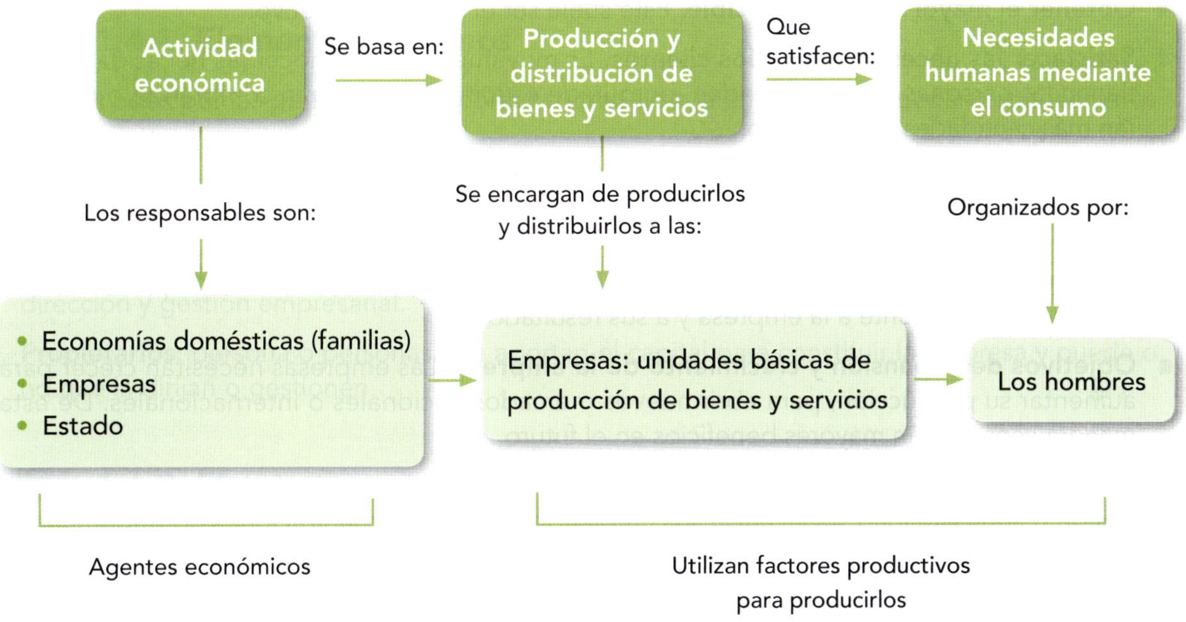

Figura 1.4. Esquema que recoge la actividad económica.

1.3. La empresa

En las sociedades modernas, prácticamente la totalidad de los bienes y servicios, como el pan, los automóviles, los zapatos, etc., son producidos y ofrecidos por la empresa. Una empresa es una forma de organización económica que realiza una doble función:

- Por un lado, produce bienes y servicios y los distribuye.
- Por otro, contrata trabajo y compra o alquila otros factores, como maquinaria, almacenes, etc., con el fin de producir o elaborar esos bienes y servicios para posteriormente venderlos.

Figura 1.6. Existen una serie de elementos en la empresa que son necesarios para desarrollar la actividad con la que genera su negocio. Se concentran en los recursos humanos, que son las personas que forman parte del factor activo; por otra parte, están los elementos materiales y, por último, los bienes inmateriales.

1.5. Organización de la empresa: áreas o departamentos

La empresa, para conseguir la mayor rentabilidad económica o social, precisa de una buena organización que trate de alcanzar los objetivos marcados por la misma. En general, las empresas cuentan con departamentos o áreas de responsabilidad en los cuales se planifican unos objetivos y la forma de conseguirlos, de tal modo que entre los departamentos se alcancen las metas propuestas por la empresa. Normalmente esta diferenciación de áreas o departamentos se da en empresas de gran dimensión.

La organización de la empresa se representa gráficamente mediante **organigramas.** En ellos aparecen reflejados los distintos departamentos de la empresa.

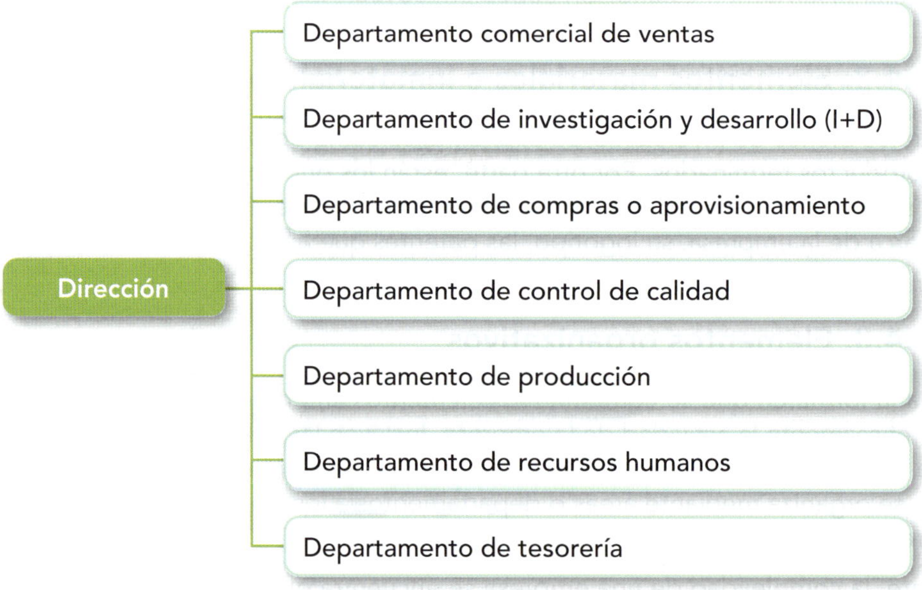

Figura 1.7. Esquema de un organigrama.

1.6. Funciones de la empresa

Para conseguir sus fines y alcanzar los objetivos marcados, las empresas deben realizar diferentes actividades. Estas actividades son el producto de una serie de funciones como son las siguientes:

- **Función de compras o de aprovisionamiento:** consiste en comprar las materias primas, los productos intermedios o los productos terminados, según se trate de una empresa industrial o comercial.
- **Función de producción:** englobaría todo el proceso de transformar las materias primas o los productos intermedios en aquellos bienes que comercializa la empresa.
- **Función comercial:** toda empresa está dirigida al mercado donde se adquieren sus productos o servicios; por tanto, dentro de esta función se encuentra la venta de productos.
- **Función de recursos humanos:** abarca todo lo relativo a la selección, gestión y administración del personal que presta sus servicios en la empresa.
- **Función administrativa:** dentro de esta destaca la función de dirección de la empresa, que se encarga de la organización y gestión de la misma.
- **Función financiera:** toda empresa necesita dinero para pagar los gastos corrientes de su actividad, adquirir mercancías y realizar otras inversiones (locales, maquinaria, etc.). La obtención de esos fondos constituye lo que se llama función financiera.
- **Función de investigación y desarrollo:** a medida que aumenta la competencia entre las empresas, se otorga mayor importancia a la investigación.

Figura 1.8. Una organización funciona correctamente cuando existe una coordinación de todas las áreas que la componen. Si alguna de ellas falla, la consecuencia se verá reflejada en el resto y no se podrá funcionar de forma eficiente. Cada parte es tan importante de forma individual que podría ser vista como una totalidad en sí misma.

1.7. El empresario

Anteriormente se ha comentado la importancia que tiene la «iniciativa empresarial» para reunir los factores productivos necesarios (tierra, trabajo y capital) para poder crear las empresas. La persona o personas encargadas de llevar a cabo esta labor son las conocidas como empresarios.

El empresario se define como el que organiza, combina y dirige los factores de producción para obtener productos que venderá en el mercado. También se define como la «persona con ideas innovadoras que llevará a cabo un proyecto empresarial».

El empresario es la persona, o conjunto de personas, que toma decisiones en la empresa para conseguir unos objetivos previamente marcados e intenta mantener un equilibrio entre todos los elementos que la forman, actuando siempre en condiciones de riesgo y sometido a las leyes de la administración del Estado, de las comunidades autónomas y de los ayuntamientos.

El empresario es el titular propietario o directivo de una industria, negocio o empresa. Un empresario es aquella persona que cumple con el siguiente proceso:

a) **Identifica una oportunidad:** en primer lugar, un empresario debe tener la suficiente visión como para identificar una oportunidad de negocio.

Figura 1.9. El empresario es un líder, aquel sobre el que recae la esencia de la empresa, el coordinador de bienes y el que da el enfoque que debe tener hacia el mercado.

b) **Asume riesgos:** una vez identificada la oportunidad de negocio, el empresario tiene que informarse, investigar y analizar dicha oportunidad y, si considera que el negocio podría ser rentable, asumir los riesgos necesarios para llevarlo a cabo y además la responsabilidad de la decisión que ha tomado.

c) **Reúne recursos:** una vez que ha tomado la decisión de iniciar su negocio, el empresario tiene que reunir los recursos necesarios (financieros, tecnológicos, humanos, etc.) que le permitan poner en marcha su empresa.

d) **Innova:** luego usa su creatividad para diseñar un producto único, que presente alguna diferencia con lo que ya existe en el mercado y que, además, satisfaga las necesidades de los consumidores.

e) **Desarrolla procesos:** posteriormente, el empresario crea procesos o sistemas que hagan funcionar eficientemente su negocio. Procesos o sistemas sobre cómo adquirirá sus materias primas, cómo producirá sus productos, cómo los distribuirá al público, cómo los promocionará, etcétera.

f) **Lidera:** una vez que ha iniciado su negocio, el empresario ejerce su liderazgo para inducir y motivar a sus trabajadores a que alcancen los objetivos de su empresa.

g) **Contribuye con la comunidad:** ya sea brindando un bien o servicio útil a los consumidores, incentivando la economía, o generando empleo y creando nuevos puestos de trabajo.

1.8. Personalidad física y personalidad jurídica

Atendiendo al **número de propietarios** existen dos tipos de empresas: empresario individual y empresa societaria.

1. **Empresario individual:** es aquella persona física que ejerce de forma habitual y por cuenta propia una actividad empresarial. En ella el propietario y su empresa tienen la misma personalidad, es decir, la empresa se identifica con su propietario y este es una persona física; se dice que la empresa tiene **personalidad física.**

2. **Empresa societaria:** empresa formada por varios propietarios. En ella surge el problema de identificar a sus propietarios y de saber si todos tienen el mismo grado de participación en la propiedad de la misma o si esta se halla desigualmente repartida. Cuando la empresa societaria adquiere personalidad propia, distinta de la de sus propietarios, en función de las normas jurídicas que la regulan, se dice que la empresa tiene **personalidad jurídica.**

Vocabulario

Persona física: es aquella nacida con forma humana. Para efectos civiles, solo se considerará el feto que tuviere forma humana y que viviere 24 horas enteramente desprendido del seno materno.

La **personalidad jurídica** nace cuando la empresa societaria se inscribe en el Registro Mercantil y confiere al ente resultante capacidad para ser titular de derechos y obligaciones; igual ocurre con las personas físicas cuando se inscriben en el Registro Civil al nacer.

Es una asociación voluntaria de personas que crean un fondo patrimonial común, mediante la aportación de bienes o trabajo, para obtener un lucro o beneficio. Cuando una sociedad efectúa actividades empresariales, ya sean de tipo industrial o comercial, nos encontramos ante una **sociedad mercantil.** Estas pueden ser:

a) **Sociedades personalistas:** son aquellas en las que la gestión corresponde a los socios y, por tanto, son más importantes las características personales de cada uno de ellos que el capital en sí.

b) **Sociedades capitalistas:** son aquellas en las que es más importante la aportación del capital que las características personales de los socios. En estas empresas la gestión no tiene por qué recaer en los socios, ya que pueden contratar a un empresario profesional para tal efecto.

> **Vocabulario**
>
> **Persona jurídica:** organismo o ente creado conforme a unas normas legales al que se le otorga capacidad para ser titular de derechos y obligaciones.

c) **Sociedades mutualistas o de economía social:** se trata de un tipo de empresas que no pretenden obtener un beneficio, sino satisfacer las necesidades comunes de sus miembros. Su interés es de tipo social. Se incluyen en este tipo las cooperativas.

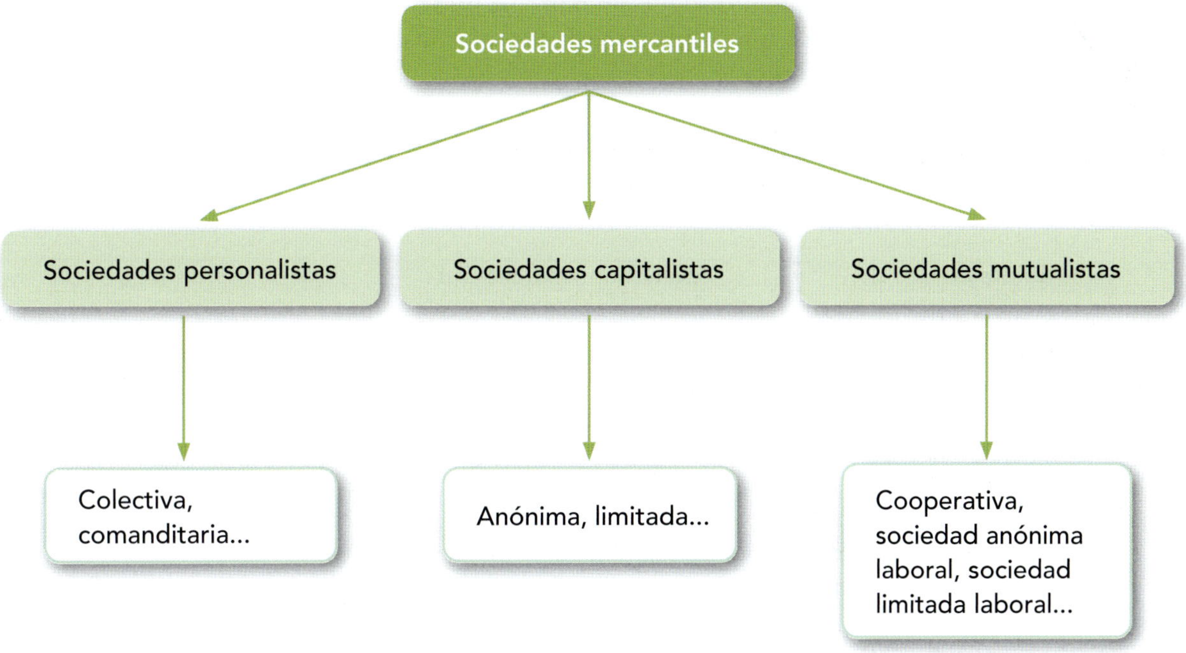

Figura 1.10. Esquema de sociedades mercantiles: sus formas jurídicas.

Además de estas sociedades mercantiles existen otras que no tienen carácter mercantil y que se denominan **sociedades irregulares.** Se pueden dividir en:

- Comunidades de bienes.
- Sociedades civiles.

De ellas, la más habitual es la comunidad de bienes, que actúa en el tráfico comercial empleando una denominación que finaliza con las siglas CB.

1.9. Formas jurídicas de las empresas

La **forma jurídica** es la «identificación legal» de una empresa ante la Administración pública, los clientes y los proveedores.

1.9.1. Criterios para decidir la forma jurídica de una empresa

Antes de poner en marcha una empresa y una vez que se ha decidido acometer un proyecto empresarial, una de las decisiones que quizás reviste mayor importancia es la de su forma jurídica (sociedad anónima, sociedad limitada, empresario individual, etcétera).

Dependiendo de la forma jurídica adoptada se tendrán unas obligaciones u otras. Como se verá más adelante, si se elige la forma jurídica de empresario individual no se va a exigir un capital mínimo, ni formalidades de constitución (escritura pública, estatutos...), ni nombre de la empresa que termine en ninguna sigla determinada y diferente al de otra empresa existente, etc. Pero, como contrapartida de todo esto, se tendrá una responsabilidad ilimitada frente a las deudas que contraiga con los acreedores y que responden no solo con el patrimonio empresarial, sino también con el familiar. En cambio, si se opta por una sociedad anónima o sociedad limitada, por ejemplo, este inconveniente estará resuelto en parte ya que únicamente se responde con el patrimonio empresarial, pero sí se tendrán formalidades relativas a su constitución, capital mínimo para constituir la empresa, etcétera.

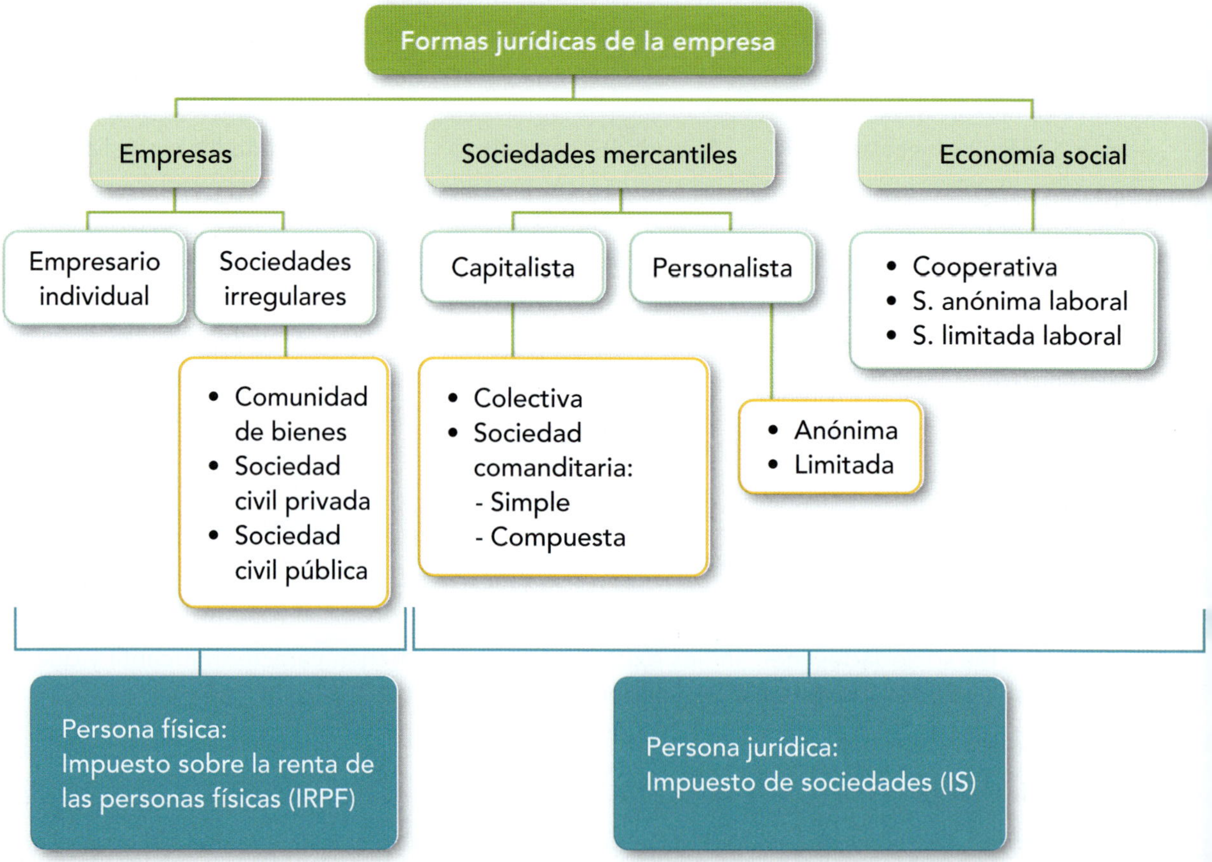

Figura 1.11. Esquema de las formas jurídicas de las empresas.

Los principales criterios que se deben tomar en consideración para tomar esta decisión son:

- **Riesgo patrimonial:** establecer el grado de responsabilidad patrimonial que quieren asumir los propietarios.
- **Coste fiscal:** los beneficios de las empresas soportarán un impuesto u otro dependiendo de su forma jurídica.
- **Capital:** estará delimitado en función de la forma elegida.
- **Subvenciones estatales:** se trata de un tipo de financiación sin bancos que se solicita en busca de liquidez.
- **Formalidades de constitución:** debe diferenciarse entre personas físicas y personas jurídicas. Las personas físicas tienen personalidad jurídica desde el momento de su nacimiento. Las personas jurídicas tienen que realizar los trámites oportunos para adquirirla. Generalmente las sociedades adquieren la personalidad jurídica cuando se inscriben en el Registro Mercantil.

Tabla 1.2. Características básicas de las distintas formas jurídicas más comunes

Tipo de empresa	N.° de socios	Capital	Responsabilidad	Fiscalidad
Empresario individual	1	No existe mínimo legal	Ilimitada	IRPF (rendimientos por actividades económicas)
Comunidad de bienes	Mínimo 2	No existe mínimo legal	Ilimitada	IRPF (rendimientos por actividades económicas)
Sociedad civil	Mínimo 2	No existe mínimo legal	Ilimitada	IRPF (rendimientos por actividades económicas)
Emprendedor de responsabilidad limitada	1	No existe mínimo legal	Ilimitada (limitada respecto a la vivienda habitual)	IRPF (rendimientos por actividades económicas)
Sociedad de responsabilidad limitada	Mínimo 1	Mínimo 3000 euros	Limitada	Impuesto de sociedades
Sociedad limitada de formación sucesiva	Mínimo 1	No existe mínimo legal	Limitada	Impuesto de sociedades
Sociedad limitada nueva empresa	Mínimo 1, máximo 5	Mínimo 3000 €, máximo 120 000 €	Limitada	Impuesto de sociedades
Sociedad anónima	Mínimo 1	Mínimo 60 000 €	Limitada	Impuesto de sociedades
Sociedad laboral (anónima o limitada)	Mínimo 3	SLA: mínimo 60 000 € SLL: mínimo 3000 €	Limitada	Impuesto de sociedades (régimen especial)
Sociedades profesionales	Mínimo 1	En función de la forma social que adopte	Limitada	Impuesto de sociedades
Sociedad cooperativa	Cooperativa 1er grado: mínimo 3 Cooperativa 2.° grado: 2 cooperativas	Mínimo fijado en los estatutos	Limitada al capital aportado en la sociedad	Impuesto de sociedades

1.9.2. Modos de organización de las empresas

El ordenamiento jurídico español (conjunto de leyes y normas que regulan las sociedades en España) reconoce y regula diversas formas de organizarse las empresas.

Como ya se ha mencionado en el Apartado 1.8, entre las principales formas jurídicas que puede adoptar una empresa están:

1. Empresario individual.
2. Sociedades irregulares.
3. Sociedades mercantiles.

1. Empresario individual

Un empresario o empresaria individual es una empresa que funciona y dirige una sola persona. También este concepto es conocido como «empresa unipersonal» y se trata de una entidad comercial cuya propiedad es ostentada y dirigida por una persona y donde no se distingue legalmente entre el propietario o propietaria y el negocio.

✓ Empresa individual

Es un tipo de empresa que tiene personalidad física, es decir, la personalidad de la empresa coincide con la personalidad del propietario o propietarios. Es aquella persona física que, contando con la **capacidad** necesaria, ejerce de forma habitual y por cuenta propia una actividad empresarial (comercial, industrial o profesional).

Para saber más

El Código de Comercio dice: tendrán capacidad para el ejercicio habitual del comercio los mayores de edad, con libre disposición de sus bienes, es decir, que no hayan sido declarados incapaces por sentencia judicial.

Como excepción se admite que los menores de 18 años puedan continuar el ejercicio de la actividad empresarial a la que se hubieran dedicado sus padres siempre y cuando lo hayan recibido mediante herencia. En estos casos actuarán en su nombre sus tutores legales.

Es el grupo que se identifica más a menudo con el término **autónomo** e incluye a aquellos autónomos que de forma habitual gestionan un pequeño negocio que está a su nombre, generalmente desde un planteamiento de autoempleo, pudiendo tener o no trabajadores contratados.

PRINCIPALES CARACTERÍSTICAS DEL EMPRESARIO INDIVIDUAL

- No es necesario un capital mínimo ni máximo marcado para iniciar el negocio.
- La responsabilidad del empresario individual es **ilimitada,** es decir, responde de las deudas de la empresa con todo su patrimonio, presente y futuro. Si el empresario está casado, el cónyuge responderá de dichas deudas en función del régimen económico del matrimonio (gananciales o separación de bienes).
- Para ser empresario individual no es necesaria ninguna formalidad de constitución (ni escritura pública, ni estatutos...).

- El nombre comercial de la empresa no tiene siglas especiales asignadas. Es libre y será su nombre comercial. La razón social de la empresa, es decir, el nombre legal, ha de ser el nombre civil del titular.

FORMALIDADES PARA SU CONSTITUCIÓN

- Alta en el IAE (Impuesto de Actividades Económicas) en la delegación correspondiente de la Agencia Tributaria.

TRIBUTACIÓN

- Los beneficios que obtienen están gravados con el IRPF.

Actividad resuelta 1.2. Obligaciones fiscales del empresario

Elabora un esquema donde aparezcan las obligaciones fiscales de un empresario individual, las formalidades de constitución, los capitales mínimo y máximo para su constitución y los tipos de impuestos que tiene que pagar.

Solución:

Tipo de empresa	Capitales mínimo y máximo	Tributación	Formalidades de constitución
Empresario individual	No hay	IRPF	• Inscripción voluntaria en el Registro Mercantil • Alta en el IAE

✓ Trabajador autónomo económicamente dependiente

Es aquel autónomo que factura a un solo cliente el 75 % o más de sus ingresos. No puede tener trabajadores a su cargo.

CARACTERÍSTICAS

Las condiciones que debe reunir el trabajador autónomo dependiente son las siguientes:

- No ejecutar su actividad de manera diferenciada con los trabajadores que presten servicios bajo cualquier modalidad de contratación laboral por cuenta del cliente.
- Debe realizarse obligatoriamente un contrato entre ambos.
- Tiene que disponer de materiales propios.
- Percibir una contraprestación económica en función del resultado de su actividad, de acuerdo con lo pactado con el cliente.
- Toda la regulación de este tipo de trabajadores se encuentra en la Ley 20/2007, de 11 de julio.

✓ Empresario autónomo/societario

Es aquel **trabajador autónomo cuyo negocio tiene ya una cierta dimensión** y que generalmente cuenta con un mayor número de trabajadores contratados, o que opta por crear una sociedad, lo que sobre todo limita su responsabilidad al patrimonio de la sociedad.

Unidad 2

INNOVACIÓN EMPRESARIAL

Contenidos

Objetivos

- Analizar las diversas posibilidades de innovación empresarial.
- Estudiar las implicaciones que tiene para la competitividad empresarial la innovación.
- Examinar la posibilidad de internacionalización de las empresas.
- Conocer las ayudas públicas y privadas para ayudar a la innovación de las empresas.
- Enterarse de las ayudas públicas para la internacionalización de las empresas.

Introducción

Es necesario darse cuenta de la importancia que tiene la innovación en el mundo actual. El ritmo y el alcance de los cambios que se están produciendo en las actividades empresariales y comerciales no tienen precedentes históricos. La globalización, el incremento de la competencia, los avances tecnológicos y el aumento de las exigencias de los consumidores son factores que obligan a las empresas a hacer cambios e innovar.

La experiencia muestra claramente que las empresas que no se adecuan a los cambios, reducen, de una manera significativa, su capacidad para competir en el mercado. La innovación contribuye al mantenimiento de la competitividad de las empresas.

2.1. Concepto de innovación

Para comenzar, innovación significa **cambio.** La empresa innovadora es la que cambia, evoluciona, hace cosas nuevas, ofrece nuevos productos y adopta, o pone a punto, nuevos procesos de fabricación. Las virtudes de las empresas que innovan son:

1. Se adaptan fácilmente a los cambios de la sociedad.
2. Son ágiles creando nuevos productos.
3. Tienen visión de futuro.
4. Son más competitivas.

La innovación es el resultado final del proceso creativo. Innovar consiste en observar la realidad, identificar las necesidades que necesita la sociedad y dar una solución satisfactoria a esas necesidades.

La innovación es una técnica que puede solucionar problemas o carencias de dos formas diferentes: mejorando un producto o un servicio que ya existe o creando algo novedoso.

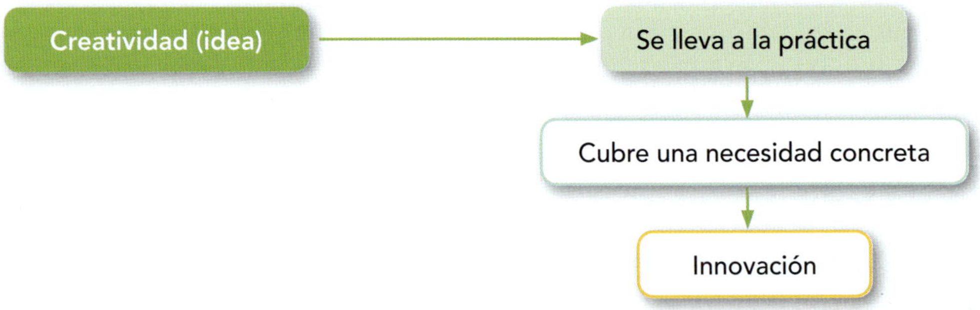

Figura 2.1. Relación entre creatividad e innovación.

Para saber más

Una invención o una idea creativa no se convierten en innovación hasta que no se utiliza para cubrir una necesidad concreta.

La innovación empresarial consiste en la aplicación de una idea a la actividad comercial. Innovar es convertir ideas en productos, procesos de fabricación o servicios nuevos o mejorados que el mercado (los consumidores, los clientes...) van a valorar. Se trata de un hecho fundamentalmente económico que no solo incrementa la capacidad de creación de riqueza de la empresa, sino que además tiene fuertes implicaciones sociales porque esas innovaciones pueden ayudar a las personas a mejorar su calidad de vida, a mejorar el medioambiente, etcétera.

Como ya se ha comentado, innovación implica cambio, y estos cambios pueden ser:

- Implementar en el mercado un nuevo producto o servicio.
- Mejorar la calidad de un producto o un servicio ya existente.
- Abrir una empresa o los productos a nuevos mercados.
- Desarrollar nuevas fuentes para el suministro de materias primas y la búsqueda de nuevas materias primas con el fin de que el producto que se fabrica sea mejor para el consumidor, o más seguro, etcétera.
- Introducir cambios en la organización o la gestión de la empresa.

Sabías que

Henry Ford se inspiró en un matadero para diseñar la línea de producción de su empresa de automóviles; Howard Schultz vio en Milán una máquina de café expreso y reconvirtió su cafetería de barrio en el exitoso concepto de Starbucks; Mark Zuckerberg buscó la forma de llevar los anuarios escolares *online* y creó Facebook.

Tabla 2.1. La innovación en la empresa

¿Cómo se puede innovar en la empresa?	¿Qué se puede conseguir con la innovación?
Observando los cambios de la sociedad.	Descubrir nuevas necesidades de las personas.
Cambiando los canales de distribución y utilizando la venta *online*.	Llegar a más clientes.
Mejorando las características de un producto.	Que los productos puedan utilizarlos más personas.
Innovando el proceso de producción.	Hacer que se pueda producir de forma más eficaz y barata.

Vocabulario

Canal de distribución: es la vía que elige una empresa para que el producto que ha creado llegue al consumidor final.

Figura 2.2. No debe confundirse creatividad con innovación puesto que son herramientas diferentes, aunque complementarias. Trabajan conjuntamente para generar cambios dentro de una empresa y desembocar en una mejor y mayor satisfacción de sus clientes.

Actividad resuelta 2.1. Necesidades de la población

La sociedad actual le da mucha importancia al aspecto físico de las personas, con lo que se han creado necesidades en el campo de la estética. ¿Cómo repercute en el mercado esta nueva necesidad?

Solución:

Las empresas han observado este cambio en la sociedad y han respondido a esta demanda creando empresas que de una manera u otra se dedican a este campo, como gimnasios y centros de estética.

Actividad propuesta 2.1. Necesidades de la población

A continuación se indican distintos cambios que ha sufrido la sociedad actual. Tienes que indicar cómo han respondido las empresas a esas transformaciones.

Cambios en la sociedad	Respuesta del mercado a estos cambios
Preocupación por la seguridad de nuestros hogares.	
Aumento de la población mayor de 70 años.	
Preocupación por el medioambiente.	
Falta de tiempo para hacer compras.	
Necesidad de actividades de ocio.	
Personas alérgicas a la lactosa.	

2.2. Concepto de I+D (investigación + desarrollo)

Investigación y desarrollo (I+D) son dos funciones científicas y tecnológicas de gran valor puesto que conllevan la creación de un nuevo conocimiento que resulta esencial para el progreso general de la sociedad. Si además se le suma el progreso que surge a través de la innovación, se completará el ciclo de todo un sistema de investigación.

Los distintos organismos que lo integran (administraciones públicas, universidades, empresas e instituciones privadas...) cuentan con los recursos materiales, humanos y financieros necesarios para obtener los resultados que se persiguen, como podrían ser los artículos científicos o las patentes de nuevos productos o tecnología.

Antes de continuar con los tipos de innovación, previamente se ha de saber que hay dos pasos anteriores a la innovación que son de muchísima importancia: la investigación y el desarrollo.

2.2.1. Investigación

El concepto **investigación científica** se refiere a llevar a cabo un proceso de investigación que permita, por un lado, conseguir innovaciones que aplicar a los productos existentes para mejorarlos de forma considerable y, por otro, desarrollar los prototipos de otros nuevos. Con una adecuada inversión se podrá conseguir que la concepción técnica y el desarrollo de los productos sean superiores a los de la competencia, lo cual repercutirá muy positivamente en la imagen de marca de la empresa.

Sabías que

La industria farmacéutica dedica mucho dinero a **investigación** para tratar de dar solución a las diferentes enfermedades y buscar nuevas medicinas para curarlas y mejorar la calidad de vida de los enfermos.

La mitad de los recursos económicos en I+D están destinados a la investigación clínica, o lo que es lo mismo, a ensayos para testar fármacos en humanos.

2.2.2. Desarrollo

El término **desarrollo tecnológico** se refiere al empleo de los conocimientos y las técnicas que se han descubierto durante el periodo de investigación, tanto de índole científica como tecnológica, empresarial o de otro tipo, con vistas a la elaboración de productos, procesos o servicios nuevos, modificados o mejorados, para aplicarlos a la fabricación de nuevos materiales o productos o para el diseño de nuevos procesos o sistemas de producción, así como para la mejora tecnológica de bienes y servicios ya existentes.

Vocabulario

Investigación: llevar a cabo estrategias para descubrir algo.

Desarrollo: aplicar ese descubrimiento a un producto o servicio.

Figura 2.3. Relación entre I+D+i.

2.3. Tipos de innovación

Las empresas incorporan la innovación de formas muy diversas, pudiendo hacerlo para obtener una mayor calidad en sus productos o servicios, ofrecer una mayor gama de productos, etc. Cualquiera que sea el caso, la única exigencia es la de implementar el cambio dentro de la organización empresarial.

Recuerda

En el concepto de innovación, lo importante es que el resultado se pueda aplicar en el mercado.

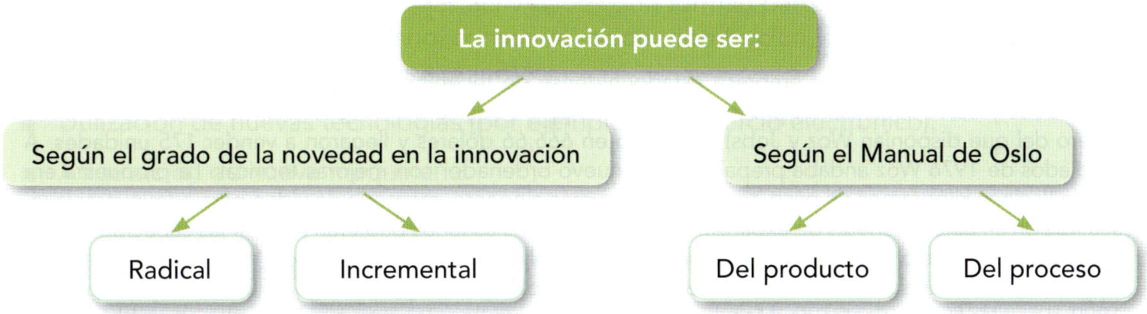

Figura 2.4. Tipos de innovación.

Figura 2.5. La innovación exige procesos y recursos concretos que requieren de una gestión específica y deben estar al margen del resto de la administración empresarial.

no deja de ser una forma particular de innovación de procesos. Con este tipo de innovación se tiende a favorecer la capacidad de coordinación con el fin de que las empresas consigan responder mejor y más rápido a las exigencias de los clientes. Es un tipo de innovación que puede cambiar el modelo de negocio.

Entre las distintas estrategias de aplicación de la innovación en el sistema de gestión cabe destacar la internacionalización. Puede ser internacionalización de las actividades comerciales, productivas o tecnológicas. Como en los anteriores tipos de innovación, el objetivo final consiste en mejorar la competitividad de la empresa.

Actividad propuesta 2.2. Tipos de innovación

Dados los productos de la siguiente tabla, tienes que decir qué tipo de innovación y cuál es la mejora que ha supuesto para los ciudadanos.

Producto	Tipo de innovación	¿Qué mejoras ha supuesto?
Coca-Cola Zero		
Ordenador		
Leche sin lactosa		

2.4. Efectos positivos que tiene la innovación para las empresas

Recuerda

La innovación, a nivel empresarial, puede definirse como una mejora de la calidad y la diferenciación del producto, lo que permite aumentar el valor añadido de las empresas.

Hay que destacar los efectos económicos de la innovación, ya que resulta vital para el crecimiento, no solo de una empresa en particular, sino de la actividad económica de todo un país en general. La innovación supone un aumento de la productividad y de la competitividad para las empresas, permitiendo además una disminución de los precios de los bienes y servicios finales.

Como ya se ha dicho, en una empresa la innovación se puede dirigir a la mejora o creación de nuevos procesos, productos o servicios. Estas innovaciones generan siempre una serie de efectos que posteriormente trascienden la unidad productiva, afectando a todo el sistema económico y social. La innovación empresarial aporta una serie de efectos positivos para la empresa. Entre estos efectos positivos se pueden destacar los siguientes:

- Si la innovación va dirigida a optimizar los procesos de fabricación, esto hará que los costes sean menores y que la productividad aumente.
- Otro beneficio de la innovación, si esta se centra en el proceso de distribución y venta, es que el consumidor va a tener un mejor acceso al producto, con lo que las ventas aumentarán.

- La innovación es útil para realizar mejoras «estéticas» en los productos o servicios, mejorando el envase, rediseñando la imagen externa del producto, etc., para hacerlos más atractivos a los clientes.
- Desde el punto de vista medioambiental, otro de los efectos positivos de la innovación empresarial podría radicar en la disminución del peso y el volumen de los embalajes, con lo que se disminuyen notablemente los residuos.
- También cabe destacar la posibilidad de reducir o eliminar los componentes contaminantes a través de la innovación empleada para utilizar materiales biodegradables.

Debes tener en cuenta que uno de los efectos de la ausencia de innovación, cuando ya se han llevado a cabo acciones innovadoras, consiste en caer en la denominada **«trampa de la explotación»**. Esto es, en determinadas ocasiones las empresas que ya han llevado a cabo alguna acción innovadora, por este hecho, dejan de vigilar el entorno y en consecuencia de reaccionar a sus posibles cambios.

Sabías que

La innovación puede aplicarse a hacer que el envase sea más atractivo para el consumidor. Perfeccionando este o rediseñándolo, se puede presentar el producto de forma más atractiva. Un ejemplo de innovación de la imagen es la famosa botella de Coca-Cola.

Actividad propuesta 2.3. Ejemplo de innovación

Con ayuda de internet busca un ejemplo de innovación que tenga que ver con el diseño del producto.

2.5. Protección de la innovación empresarial

Uno de los mayores valores con los que cuenta una empresa innovadora es su conocimiento, por lo que asegurarlo se convierte en una tarea fundamental para evitar que otros empresarios copien la idea y la desarrollen. De esta forma, la empresa debe tomar medidas para proteger legalmente la propiedad intelectual e industrial resultante de sus innovaciones. Sin esta protección, los esfuerzos innovadores no serán rentables y las inversiones realizadas serán irrecuperables.

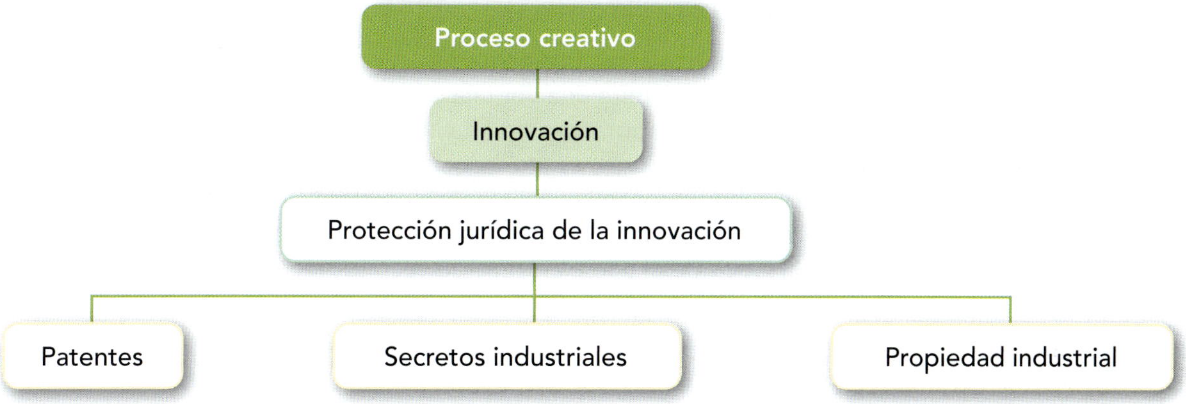

Figura 2.6. Formas jurídicas de proteger una innovación.

Existen varias modalidades jurídicas para proteger las innovaciones. Se van a describir a continuación algunas de ellas.

2.5.1. Patente

Es un título otorgado por el Estado que confiere al autor de una invención el derecho exclusivo de explotación industrial y comercial del producto o servicio durante 20 años. En principio, el titular de la patente goza del derecho exclusivo a impedir que la invención sea explotada comercialmente por otras personas sin su consentimiento.

Vocabulario

Protección por patente: significa que una invención no se puede producir, usar, distribuir con fines comerciales, ni tampoco vender, sin que medie el consentimiento del titular de la patente. Generalmente los derechos solo tienen validez en el país en los que se ha presentado la solicitud y se ha concedido la patente.

Un aspecto a tener en cuenta es el momento elegido para solicitar la patente. En este sentido, es apropiado solicitarla cuanto antes para evitar de este modo que la competencia se adelante. Si la empresa se convierte en pionera logrará mayores beneficios, dado que el precio de salida del producto será mayor que el de los productos de los competidores más lentos. Sin embargo, tampoco es conveniente patentar la invención en fases demasiado tempranas, cuando la comercialización del producto está todavía lejana, ya que las patentes poseen información comercial sobre el producto que puede ser utilizada por los competidores para lanzar otro similar.

En España, la protección de los derechos sobre la propiedad intelectual e industrial está a cargo de la Oficina Española de Patentes y Marcas, por lo que te puede resultar de utilidad consultar su página web: www.oepm.es.

2.5.2. Secretos industriales / acuerdos de confidencialidad

Es la protección de los procedimientos prácticos industriales y comerciales conocidos por un círculo limitado de personas que permiten una ventaja competitiva frente a los que no lo poseen. Por ejemplo, el procedimiento de preparación de un vino o la composición de un perfume.

El secreto industrial, comercial o empresarial es, básicamente, información confidencial conocida por un círculo limitado de personas que permite una ventaja competitiva frente a los que no la poseen. Por ejemplo, el procedimiento de elaboración de un vino o la composición de un perfume, que no se desea que conozcan los competidores, es una herramienta legítima de toda empresa que ha formado parte de las estrategias empresariales y actividades económicas desde hace cientos de años. Las características que incorporará el próximo iPhone, o los proyectos y estrategias de cualquier empresa, o la fórmula de la Coca Cola, son ejemplos de secretos industriales valiosos.

Vocabulario

Secreto industrial, comercial o empresarial: se trata de todo conocimiento o información sobre productos, servicios, procedimientos o estrategias, cuya confidencialidad y exclusividad proporciona a su titular una ventaja competitiva.

La utilización no autorizada de dicha información por personas distintas del titular se considera práctica desleal y violación del secreto comercial.

2.5.3. Propiedad intelectual, *copyright*

Es el primer derecho de los que diseñan, inventan o crean. Es la propia creación que genera por ella misma el derecho de autor, también llamado *copyright*. Puede tratarse de marcas, diseños industriales… o ser una fotografía, un logotipo, un dibujo, un libro, etcétera.

> **Sabías que**
>
> La venta de productos falsificados se considera un delito contra la propiedad industrial.

PROPIEDAD INTELECTUAL

PROPIEDAD INDUSTRIAL
Patentes, modelos de utilidad, marcas, nombres comerciales, dibujos industriales, etcétera.

DERECHOS DE AUTOR
Obras literarias y artísticas, obras de arte, diseños arquitectónicos, etcétera.

Figura 2.7. Lo que aglutina la propiedad intelectual.

La propiedad intelectual se divide en dos categorías: la propiedad industrial, que incluye inventos, patentes, marcas, dibujos y modelos industriales e indicaciones geográficas de procedencia; y el derecho de autor, que abarca las obras literarias y artísticas.

- **Derechos de autor:** protección de creaciones fruto de la actividad intelectual de las personas desde el mismo momento de su creación (libros, composiciones musicales, esculturas, fotografías, traducciones, etc.). El símbolo que lo identifica es © (*copyright*).
- **Diseños industriales:** permiten la protección únicamente de la apariencia o forma externa de la totalidad o de una parte de un producto. El título otorga protección durante cinco años, renovables en periodos de cinco años hasta un máximo de 25 años.
  - **Signos distintivos:** nombres comerciales y marcas. El símbolo que lo identifica es ® (marca registrada). Los nombres comerciales protegen signos o denominaciones de personas físicas o jurídicas en el ejercicio de la actividad empresarial, mientras que las marcas hacen lo propio con signos de identificación de productos o servicios. Esta protección no tiene caducidad siempre que se realice la renovación prevista cada diez años.

Figura 2.8. Signos distintivos de la marca Nike. *(Fuente: www.ahpcdc.club/registrar-nombre-logo.html).*

- **Indicaciones geográficas:** protegen las diferencias debidas al origen o el método de elaboración, como por ejemplo la denominación de origen protegida y la indicación geográfica protegida.

Figura 2.9. Sellos de las certificaciones de denominación de origen e indicación geográfica.

Actividad propuesta 2.4. Protección de la innovación

Completa la siguiente tabla. Asocia en la columna de la derecha (Asociación) la letra con su número correspondiente, es decir, qué se persigue según la forma de protección de la innovación empresarial.

Formas de protección de la innovación empresarial	Qué se persigue	Asociación
a) Patente.	1. Impedir que otros puedan utilizar tu marca en productos falsificados.	
b) Acuerdo de confidencialidad.	2. Proteger un invento para que otros no lo puedan utilizar.	
c) *Copyright.*	3. Evitar que alguien copie el libro de un autor.	
d) Derechos de autor.	4. Evitar que alguien de dentro de una empresa informe de asuntos propios de esa empresa que puedan dañarle.	
e) Marca registrada.	5. Evitar que otras personas utilicen fotografías sin permiso del autor.	

2.6. Factores de riesgo en la innovación empresarial

Cualquier cambio que suponga una mejora del producto o servicio o de la gestión de la empresa, se puede considerar como positivo. Sin embargo, existen **factores de riesgo en la innovación empresarial** que pueden afectar a nuestra empresa.

Los cambios suponen modificaciones que no siempre son bien recibidos ni por parte de los trabajadores de la empresa ni por los clientes. Al final, cualquier innovación va a requerir de un proceso de adecuación del resto de sistemas que no está exento de riesgos.

Estos cambios pueden proceder de diversos factores. Fundamentalmente son los siguientes:

- Cambios sociales y demográficos.
- Avances tecnológicos.
- Modificación de los gustos de la clientela.

Actividad resuelta 2.2. Repercusiones de la innovación empresarial

Una empresa decide innovar en su proceso de fabricación implementando nuevas tecnologías que harán producir más con menor coste. El equipo humano de la empresa está en contra de esta innovación. ¿Cuáles son los motivos para que estas modificaciones no sean bien recibidas por los trabajadores?

Solución:

En primer lugar, los trabajadores tienen miedo a que al implementar nuevas tecnologías sea necesaria menos mano de obra para producir lo mismo, lo que podría implicar una pérdida de puestos de trabajo. Por otro lado, al trabajar con esas nuevas tecnologías, se precisará de mano de obra más especializada, lo que pondría en riesgo a esos trabajadores menos «cualificados» que se sentirían amenazados por aquellos que sí lo están.

A continuación se describen algunos de los riesgos empresariales más importantes que puede conllevar la innovación dentro de una empresa.

1. El producto no es aceptado por el mercado

La creatividad siempre resulta positiva si se mantiene dentro de un **contexto adecuado de venta.** Muchos de los productos desarrollados por una empresa **no llegan a alcanzar cifras significativas de venta** porque carecen de demanda o de un nivel de aceptación mínimo por parte de los clientes.

Los estudios de mercado son una herramienta eficaz para identificar el comportamiento del consumidor con respecto a un producto o servicio, las tendencias del mercado y la posible competencia en el sector comercial.

Identificar a tiempo estos factores evitará asumir riesgos innecesarios que puedan terminar por comprometer a la empresa.

2. Falta de recursos

Este es uno de los problemas fundamentales debido a la inversión de tiempo y dinero que debe afrontar la empresa para desarrollar un prototipo o un modelo válido que puede que no llegue a implantarse finalmente. Las empresas que experimentan deben analizar previamente si disponen de los recursos necesarios para poder implementar los sistemas necesarios que permitan llevar a cabo la innovación.

3. No escuchar a clientes, proveedores, colaboradores, entre otros

Uno de los errores más comunes de las empresas es no escuchar las opiniones y las quejas de los clientes, proveedores y colaboradores. Actualmente, con el uso de las redes sociales la atención al cliente es mucho más sencilla y cercana, pero además las redes sociales pueden ser un instrumento muy valioso para conocer las opiniones de los clientes y proveedores y tenerlas en cuenta para mejorar cada día.

4. Relacionar innovación con ingresos rápidos

Invertir en innovación no significa que vaya a obtenerse un ingreso rápido. La innovación es un riesgo y puede suponer unos ingresos, pero hay que pasar por un periodo de adaptación de la empresa que quizás incluso suponga una reducción de la productividad. Se trata de una circunstancia que es necesario asumir para tener éxito o aprender.

5. Trabajadores poco cualificados

En muchas ocasiones los trabajadores de una empresa no tienen las competencias necesarias para hacer frente a un proceso de innovación. De hecho, la selección de personal es una de las facetas más complicadas de cualquier empresa. Hay que tener en la plantilla personas que estén preparadas profesionalmente para los cambios e innovaciones.

Tabla 2.2. Factores de riesgo en la innovación empresarial

El riesgo es algo consustancial con la actividad empresarial.
Los principales riesgos a la hora de innovar son: • El mercado no acepta el nuevo producto. • La empresa no cuenta con recursos suficientes para innovar. • Falta de atención a lo que piensan los clientes, proveedores y colaboradores. • Querer ganar dinero rápidamente con la innovación. • Tener personal poco cualificado.
Existe también el riesgo de no innovar.

2.7. Tecnología e innovación

Antes de relacionar la tecnología con la innovación, es preciso definir el concepto de tecnología.

Por otro lado, la tecnología también se refiere a la **disciplina científica** enfocada en el estudio, la investigación, el desarrollo y la innovación de las técnicas y procedimientos, aparatos y herramientas que son empleados para la transformación de materias primas en objetos o bienes de utilidad práctica.

> **Vocabulario**
>
> **Tecnología:** es el conjunto de conocimientos de orden práctico y científico que, articulados bajo una serie de procedimientos y métodos técnicos, son aplicados para la obtención de bienes que satisfacen las necesidades de los individuos.

La revolución industrial marcó un antes y un después en la tecnología; el trabajo a mano pasó a ser un trabajo en serie producido por una máquina, desarrollándose así una materia prima de mejor calidad y en mayor cantidad, a mejores precios.

La tecnología es una ciencia muy importante que está continuamente revolucionando las industrias de todo el mundo en muchos sectores como la comunicación, la salud, etc. En el campo de la salud, los logros que ha conseguido la medicina han servido para curar muchas enfermedades y ayudar a salvar vidas.

Existen empresas que se dedican exclusivamente a convertir el conocimiento científico o tecnológico en nuevos productos o servicios que se pueden introducir en el mercado. Se verá a continuación cómo son este tipo de empresas.

Figura 2.10. Tipos de empresas que utilizan el conocimiento científico y tecnológico.

1. Empresa de base tecnológica

Las empresas de base tecnológica, que a partir de ahora se llamarán EBT, son empresas que utilizan de forma intensiva el conocimiento científico y tecnológico. Pueden ser tanto empresas productoras de bienes como de servicios. Su competitividad se basa en que aplican su conocimiento a una innovación tecnológica. Cuentan con personal científico y técnico cualificado, con formación superior. En general, son empresas con poco personal y que producen bienes y servicios con un alto valor añadido.

No se debe confundir una EBT con una empresa modernizada pues, aunque existen empresas que hacen un elevado uso de tecnologías, no son EBT ya que no utilizan de forma intensiva el conocimiento científico y tecnológico.

Disponen de un departamento de I+D propio o tienen un estrecho contacto con un centro tecnológico, de investigación o con una universidad. Su activo más importante es el ***know-how*** (conocimiento). Su gestión se apoya en las nuevas tecnologías. Han desarrollado innovaciones muy recientes (dos últimos años) que han supuesto la creación de nuevos productos, procesos o servicios, o bien la mejora significativa de los ya existentes.

2. *Spin-off*

Las *spin-off* universitarias son uno de los instrumentos empleados por una universidad o por un centro de investigación para trasladar tecnología a la sociedad. Se trata de iniciativas empresariales que se generan a partir del conocimiento y la tecnología innovadora, y cuentan con la participación de miembros de la comunidad universitaria o de un centro de investigación. La finalidad de estas empresas consiste en darle valor al conocimiento científico y tecnológico de la institución y explotar comercialmente los resultados de la investigación, alcanzando beneficios económicos y socialmente responsables.

3. *Start-up*

Una *start-up* (o empresa emergente) podría definirse como una empresa de nueva creación que presenta unas grandes posibilidades de crecimiento. Tiene un fuerte componente tecnológico y está relacionada con el mundo de internet y las TIC (tecnologías de la información y la comunicación).

Las empresas tecnológicas y de internet tienen asociados unos costes de desarrollo menores que empresas de otros ámbitos. Esto hace que las necesidades de financiación para su puesta en marcha sean sensiblemente inferiores, lo que facilita su crecimiento.

La gran mayoría de *start-ups* no utilizan fuentes de financiación tradicionales, como pueden ser los créditos bancarios, y optan por capital aportado por inversores a cambio de un porcentaje de la empresa.

Ejemplos de *start-ups* existen muchos, tanto a nivel internacional como a nivel español. Google, Twitter, Facebook, Tuenti o Privalia comenzaron siendo *start-ups* y con el paso de los años se han convertido en gigantes empresariales con cientos de empleados y unas cifras importantes de ingresos y beneficios. Un debate que suele asociarse con este concepto es sobre el momento en el que una *start-up* deja de serlo y pasa a convertirse en una empresa «tradicional». Sobre esta cuestión no existe ninguna conclusión definitiva. En ocasiones suele afirmarse que en etapas avanzadas el concepto de *start-up* pasa a estar ligado a la estructura corporativa, forma de trabajar y ambiente de una empresa en vez de a las características mencionadas anteriormente.

4. Clúster

Este término fue utilizado por Porter en un estudio sobre la ventaja competitiva de las naciones, y consideraba que la agrupación o asociación de empresas y su correspondiente especialización en determinadas actividades productivas hacía que tuvieran una ventaja competitiva.

Según Porter, un clúster es un grupo de empresas e instituciones de apoyo concentradas en un territorio que compiten en un mismo negocio y que comparten características comunes y complementarias.

Los clústeres mejoran la ventaja competitiva de las empresas en dos aspectos fundamentales:

- Incrementan su productividad.
- Aumentan su capacidad para innovar y reducir costes, ya que tienen la posibilidad de compartir recursos, experiencias y conocimientos.

En un clúster se encuentran empresas relacionadas con el mismo sector de actividad, pero no necesariamente prestando el mismo servicio. Por ejemplo, en **un clúster dedicado a los servicios turísticos** se pueden encontrar asociaciones de hoteles y albergues adheridos, así como operadores turísticos. El futuro tiende a la concentración, y los pequeños empresarios de un sector solo pueden mantener su ventaja competitiva agrupándose en asociaciones de mayores dimensiones.

2.8. Ayudas a la innovación

Una de las dificultades más importantes con las que se encuentran las empresas para innovar es encontrar financiación. Además, cuanto más pequeña es la empresa, mayor es la dificultad que tiene para acceder a los instrumentos financieros, haciendo muy difícil iniciar nuevos proyectos, acometer inversiones y, en definitiva, sobrevivir y crecer.

Las actividades de innovación requieren un esfuerzo inversor por parte de las empresas que pueden financiarse a través de las ayudas de la Administración pública o a través de ayudas privadas.

Es muy importante que el emprendedor se informe de manera precisa acerca de las ayudas existentes, tanto de las procedentes de las Administraciones públicas como de las que ofrecen empresas o instituciones privadas que buscan fomentar la innovación bien en términos generales o centrada en ciertas áreas (biosanitaria, informática...).

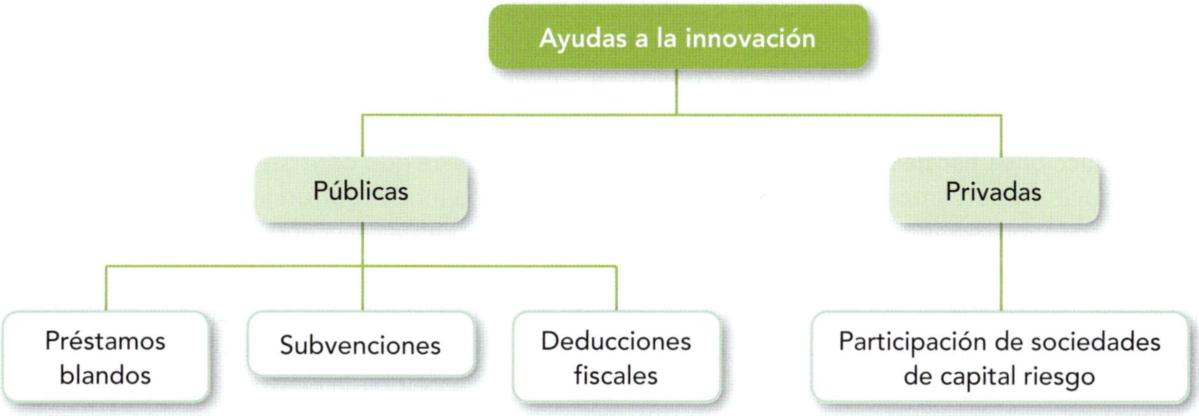

Figura 2.11. Ayudas a la innovación.

2.8.1. Ayudas públicas

El coste económico de la innovación es un serio inconveniente para que las empresas desarrollen actividades innovadoras. Por esta razón, las más grandes son las que le dedican más medios.

Debido a que la innovación juega un papel importante en las empresas, impulsa su crecimiento y favorece su competitividad, las Administraciones públicas desarrollan una serie de programas y ayudas orientados a fomentar esta competitividad empresarial, a favorecer el desarrollo del país mediante el avance tecnológico de las empresas y a aumentar la inversión en I+D+i.

En concreto, las Cámaras de Comercio trabajan desde hace años en fomentar la integración de la innovación en la gestión empresarial del tejido empresarial español, hasta convertirla en herramienta estratégica que logre un crecimiento sostenido y mejorar así la competitividad de las empresas españolas.

Recuerda

La Cámara de Comercio de España es una institución al servicio de las empresas y de los emprendedores. La Cámara de España ofrece diferentes programas de ayuda a empresas y autónomos que se engloban en dos grandes objetivos: la mejora de su competitividad y el incremento de su internacionalización. En el ámbito de la competitividad, las actuaciones de la Cámara se organizan en torno a tres grandes ejes:

- Formación, emprendimiento y empleo.
- Innovación y nuevas tecnologías.
- Comercio y turismo.

La sede de la Cámara de Comercio de España se encuentra en Madrid, pero los diferentes programas que diseña y coordina son accesibles a través de las 88 Cámaras de Comercio situadas por todo el territorio español y de las 35 Cámaras en el exterior.

Las Administraciones públicas, tanto a nivel estatal como a nivel de las comunidades autónomas, ofrecen diferentes tipos de ayudas para fomentar las actividades de I+D+ i:

- **Préstamos a tipos de interés bajos (préstamos blandos):** son solicitados por las empresas a las entidades bancarias y concedidos por el ICO (Instituto de Crédito Oficial) como agente financiero del Estado.

- **Subvenciones concedidas por el estado:** son otorgadas por las comunidades autónomas o la Unión Europea a través de las correspondientes convocatorias para llevar a cabo proyectos innovadores. La subvención puede consistir en una ayuda directa o en la financiación de una parte del préstamo solicitado por la empresa para el proyecto.
- **Deducciones fiscales:** suponen otra forma de ayuda pública que consiste en la posibilidad de deducir un porcentaje de los gastos ligados al proyecto innovador en la liquidación del impuesto sobre sociedades que tienen que realizar las empresas cada año, lo que equivaldría a que la empresa innovadora tendría que pagar menos impuestos.

Además, las comunidades autónomas cuentan con diferentes organismos dedicados al fomento y desarrollo de la innovación. Así, por ejemplo, la ADER (Agencia de Desarrollo Económico de La Rioja) a través de los programas de ayuda tiene como objeto mejorar la competitividad de las empresas, adecuándose a las crecientes exigencias de los mercados.

2.8.2. Ayudas privadas

Las empresas pueden conseguir financiación para desarrollar sus proyectos solicitando préstamos a bancos y cajas de ahorros que, en ocasiones, ofrecen líneas de crédito específicas para proyectos de innovación.

Otra forma de financiar los proyectos de innovación es a través de la colaboración de sociedades de capital riego, que participan como socias del proyecto aportando un porcentaje del capital necesario para ejecutarlos.

Recuerda

El **capital riesgo** es un instrumento financiero que consiste fundamentalmente en la participación de manera temporal y minoritaria de una empresa de capital riesgo en el capital social de una empresa. Es decir, la entidad pone a disposición del proyecto empresarial recursos económicos, convirtiéndose en socio accionista de la empresa financiada, participando, por tanto, de modo directo en los riesgos y resultados de la aventura empresarial.

El capital riesgo no se debe confundir con el endeudamiento bancario tradicional. En un préstamo, la entidad financiera tiene derecho a un tipo de interés determinado y al reembolso del dinero prestado independientemente de la evolución de la empresa, garantizando habitualmente dicho reembolso en caso de fracaso empresarial.

Sin embargo, en el caso del capital riesgo hay una entrada de dinero como contrapartida a la toma de una participación minoritaria en el capital de la empresa, por lo que la rentabilidad y el reembolso de los recursos aportados por la sociedad inversora dependen directamente de la rentabilidad y del éxito empresarial del proyecto.

2.9. Internacionalización de las empresas

La internacionalización empresarial es el proceso por el cual una empresa crea las condiciones necesarias para salir al mercado internacional. Las empresas tienden, cada vez más, a la deslocalización y a dirigir su estrategia hacia el exterior.

La internacionalización es un proceso a largo plazo, con etapas clave en un plan detallado. No se trata de tener una presencia puntual en algún otro país, sino de estar completamente asentado en la economía de esos países. Hay que tener en cuenta que los mercados internacionales aportan otras variables a la posibilidad de éxito del producto o servicio: temas culturales, requisitos sanitarios y ambientales, normas técnicas y reglamentaciones en los productos.

La globalización ha hecho que este proceso sea más sencillo gracias al uso de internet. La nueva dinámica de la económica mundial y la apertura de economías locales hacen que el mercado ahora sea todo el mundo.

2.9.1. Ventajas y desventajas de la internacionalización de una empresa

Cada vez son más las empresas que pierden el miedo a salir al extranjero. De hecho, la internacionalización se ha convertido en una de las principales salidas para el crecimiento de las pymes (pequeñas y medianas empresas). Y es que no hay que olvidar que la economía mundial se encuentra en uno de los momentos de mayor dinamismo y cambio de la historia, con la unificación de los mercados, la estandarización de los productos, los nuevos canales de comunicación, la homogeneización de los gustos y las necesidades de los consumidores, la cantidad y la calidad de los productos y servicios existentes, etcétera.

Ventajas

La internacionalización puede hacer que las pymes no desaparezcan, ya que las empresas que salen al extranjero se convierten en compañías más grandes que las que no invierten ni exportan. Por supuesto, no hay que olvidar que las empresas internacionalizadas son más competitivas.

Gracias a la internacionalización, las empresas pueden resistir a los ciclos económicos adversos, ya que son más competitivas y están más diversificadas. Incluso, algunas compañías crecen en épocas de recesión económica. Por otra parte, hay que tener en cuenta que salir al exterior permite encontrar oportunidades en mercados con mayor potencial de crecimiento.

Desventajas

Aunque las ventajas de la internacionalización son muchas, no hay que perder de vista los riesgos e inconvenientes. Por ejemplo, hay que tener en cuenta las diferencias idiomáticas y las culturales. De hecho, la forma de pensar o de valorar los negocios puede ser muy diferente e, incluso, afectar a los gustos de los consumidores. Por otro lado, las distancias pueden suponer problemas por el tiempo necesario para la llegada de las mercancías al destino y por el encarecimiento del transporte, además de dificultar la comunicación de la empresa con los consumidores.

Otro aspecto a tener en cuenta es que la situación económica, política y social del país receptor puede afectar a la capacidad de compra de los productos, haciendo su venta más difícil. Por último, cabe mencionar que los Gobiernos pueden gravar los productos importados con derechos arancelarios con el objetivo de proteger su industria nacional, lo que encarece el producto.

2.9.2. Ayudas a la internacionalización

Así como se ha visto que las Administraciones públicas ayudan a las empresas a innovar, también conceden ayudas para la internacionalización. Estas ayudas se canalizan a través del Instituto Español de Comercio Exterior (ICEX). Una vez más, la Cámara de Comercio de España también ofrece ayudas de este tipo para iniciar a las pequeñas y medianas empresas (pymes) en la exportación.

A nivel de la Unión Europea, las empresas disponen de ayudas que pueden consultarse en el siguiente enlace: http://ec.europa.eu/programmes/horizon2020/en.

Actividad resuelta 2.3. Asesoramiento a la empresa

Una empresa ha tomado la decisión de comenzar a exportar sus productos. ¿Dónde podría acudir para que le informen y asesoren?

Solución:

Existen muchas entidades, tanto públicas como privadas, que podrían ayudarle. Entre todas ellas destaca el ICEX, una entidad que tiene como misión promover la internacionalización de las empresas españolas y contribuir a su competitividad.

2.10. Tipos de internacionalización empresarial

La expansión internacional de las empresas puede llevarse a cabo de diversas formas, aunque las más habituales son tres: exportación, intermediación y producción en el país de destino.

Figura 2.12. La industria alimentaria española es una de las que más exporta anualmente a Arabia Saudí, país que importa la mayor cantidad de alimentos de la zona del Golfo Pérsico. *(Fuente: FIAB.)*

1. Exportación

La empresa produce los bienes destinados al mercado internacional del mismo modo y en los mismos lugares que los destinados al mercado interno y, posteriormente, los exporta al país de destino. Es una alternativa de **internacionalización** muy flexible, aunque tiene un inconveniente, y es la baja capacidad de control sobre el mercado.

2. Intermediación

La intermediación es una vía muy eficaz para no solo traspasar fronteras, sino tener la oportunidad de, al mismo tiempo, beneficiarse de la transferencia de conocimiento y habilidades, ambas fundamentales para el desarrollo empresarial y el crecimiento de la organización. Entre los **tipos de internacionalización empresarial** más frecuentes en esta modalidad se encuentran los siguientes:

- **Licencia:** a través de este acuerdo se ofrece el permiso para que un agente local haga uso de las patentes, tecnología, saber hacer y conocimiento de la empresa. Suele tratarse de vínculos con proyección en el largo plazo y parten de condiciones tan ventajosas para la empresa internacionalizada como la ausencia de necesidad de inversión.
- **Franquicia:** en este caso, una organización independiente opera el negocio bajo el nombre de otra, a la que paga el precio acordado a cambio de poder usar su nombre comercial y marca, beneficiándose de su reputación, imagen y posibilidades de formación y cualificación del personal. Se puede limitar a la venta de productos o puede consistir en la transferencia de un paquete de negocio completo, con todos los elementos necesarios para establecerse como empresa y comenzar a obtener un rendimiento.

- **Contratos de manufactura:** se basan en la relación empresarial con un productor local, del que se controlan todos los aspectos del proceso de producción y cuyos frutos se comercializan bajo el nombre de la marca principal.

3. Producción en el país de destino

La empresa produce los bienes directamente en el país de destino, buscando rentabilizar la comercialización y aprovechando que en esos países los costes de producción suelen ser distintos. La producción se puede llevar a cabo en el país de origen con el propósito de exportar o bien a través de una *joint venture*, también conocida por el acrónimo JV. Se denomina así a la unión de dos o más empresas para crear una nueva entidad de negocio, legalmente autónoma e independiente. Su mayor fuerte es el capital, ya que comparten los conocimientos tanto tecnológicos como sobre el producto y el mercado.

Cada una de las empresas que forman la JV sigue desarrollando su actividad principal. Una debilidad de este tipo de unión entre empresas es que cada una de ellas tiene su propia cultura y eso puede dificultar el trabajo común entre ambas.

Recuerda

Las empresas disponen de una variedad de estrategias o modos de incursionar en otros países. Los más conocidos son:

- Exportación.
- Inversión directa para establecer o comprar una empresa.
- *Joint venture*.
- Licencias.
- Franquicias.
- Contratos de producción.

Sabías que

La actividad comercial en régimen de franquicia, desarrollada por medio de los denominados acuerdos o contratos de franquicia, mejora normalmente la distribución de productos y la prestación de servicios, puesto que da a los franquiciadores la posibilidad de crear una red de distribución uniforme mediante inversiones limitadas. Esto facilita la entrada de nuevos competidores en el mercado, particularmente en el caso de las pequeñas y medianas empresas, con el consiguiente aumento de la competencia entre marcas. A su vez, permite que los comerciantes independientes puedan establecer negocios más rápidamente y, en principio, con más posibilidades de éxito que si tuvieran que hacerlo sin la experiencia y la ayuda del franquiciador, abriéndoles así la posibilidad de competir de forma más eficaz con otras empresas de distribución.

Actividad propuesta 2.5. Internacionalización de las empresas

Busca en internet cómo el Banco de Santander es un ejemplo de internacionalización. Busca también cómo la ha llevado a cabo y haz un resumen.

Mapa conceptual

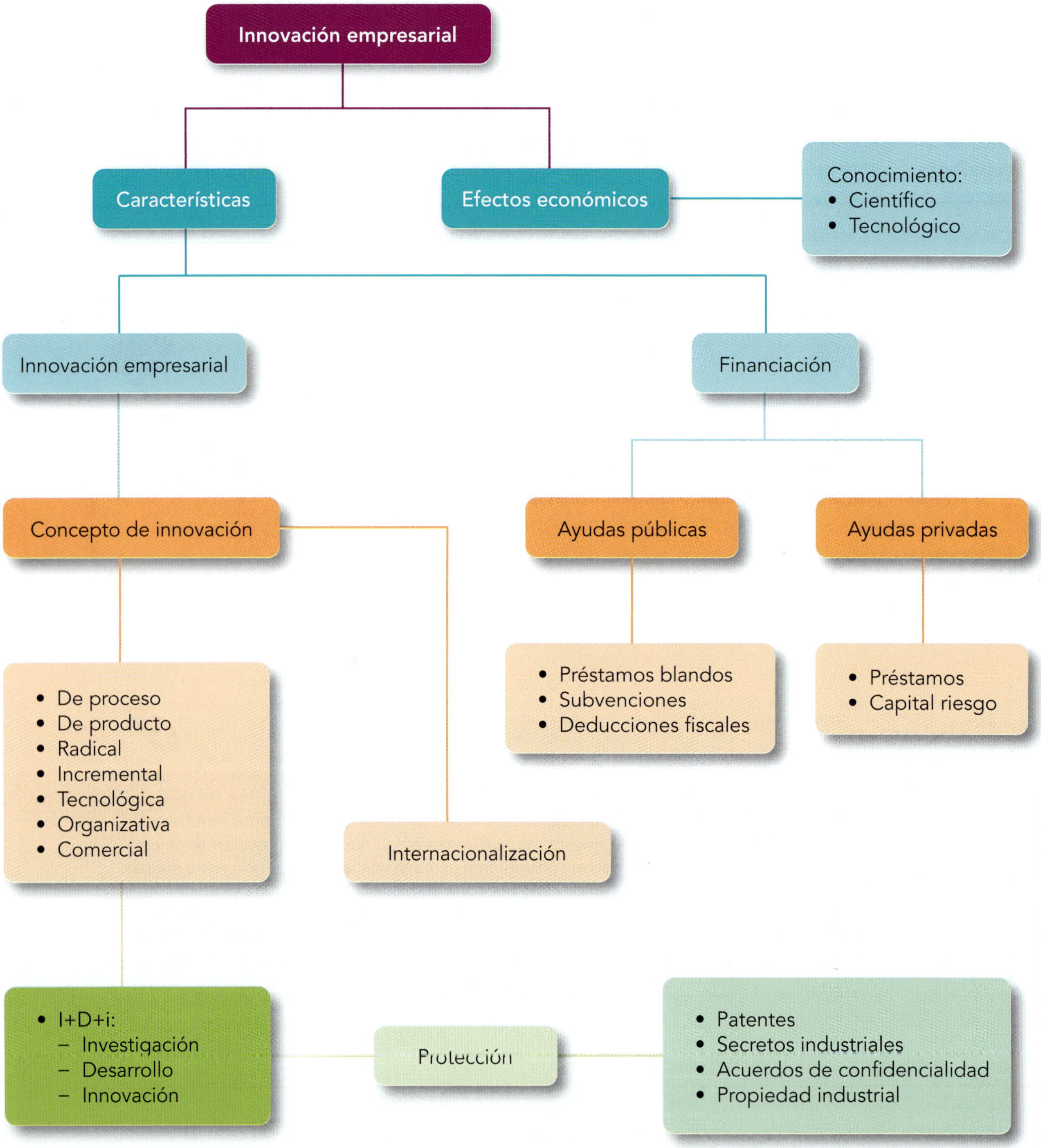

LEE Y REFLEXIONA

Lee el siguiente artículo de Cristina Sánchez, publicado por ElConfidencial.es el 17 de julio de 2018.

Las zapatillas españolas *cool* que arrasan en internet: 2,1 millones de euros en 50 días

La campaña de la *start-up* barcelonesa Tropic se ha convertido en la iniciativa española que más dinero ha recaudado en Kickstarter. Ahora les toca lo más difícil: cumplir.

Imágenes de jóvenes sonrientes comiendo helados por la ciudad, disfrutando de excursiones o remando en una piragua con unas zapatillas en sus pies que mezclan «un zapato urbano cómodo y una bota técnica resistente para exteriores». Así es el vídeo con el que se presentaba Tropic en la web de *crowdfunding* Kickstarter para conseguir que los mecenas se animaran a viajar con ese calzado. Lanzada hace unos meses por una *start-up* barcelonesa, la campaña ha surtido con creces el efecto deseado.

Lucas de Gispert y Alberto Espinós son los cofundadores de Tropic Feel *(Foto: Tropic.)*

En menos de una hora se recaudaban los 12 500 euros marcados como objetivo. En un día conseguían 100 000. Cincuenta jornadas después habían recaudado 2 140 000 euros de 26 200 mecenas. «Te mentiría mucho si te dijera que pensábamos que podíamos hacer esto», admite a Teknautas Alberto Espinós, cofundador y CEO de Tropic Feel. «Lanzábamos la campaña con la esperanza de poder llegar a cuanta más gente mejor, de ver la reacción de los viajeros, de saber si realmente los viajeros iban a necesitar nuestro producto… pero se ha salido de todas nuestras expectativas».

Su campaña de *crowdfunding* se ha convertido en la iniciativa que más dinero ha recaudado desde la llegada de Kickstarter a España en 2015 (la segunda en la lista, protagonizada por los auriculares inalámbricos EOZ Air, consiguió la mitad) y también en la más exitosa de calzado a nivel internacional. Dos récords que han dado un gran impulso a esta *start-up* cofundada por dos emprendedores veinteañeros que ahora tienen que demostrar a los mecenas que sus versátiles zapatillas cumplen las expectativas.

Calzado para viajeros

Alberto Espinós y el cofundador de Tropic Feel, Lucas de Gispert, encontraron la inspiración cuando hacían un viaje por Vietnam, Laos y Camboya hace dos años. «Éramos cuatro

(Foto: Tropic.)

amigos, uno iba con el zapato de *trekking,* otro iba con las chanclas todo el día, Lucas con las deportivas y yo con ese zapato más de río», relata Espinós. «Fue ahí cuando dijimos 'juntemos estas cuatro cosas a ver si conseguimos sacar un producto para que, en vez de viajar con tres o cuatro tipos de zapatillas, podamos viajar solo con unas y que nos sirvan realmente para todo'».

La estética también les importaba: les gustaba el diseño de las Nike que llevaba Lucas, pero también la comodidad o el fácil secado del calzado de Decathlon de Espinós. Tras haber estudiado administración de empresas en el IQS (un centro universitario de la Universidad Ramon Llull), Espinós trabajaba por entonces como analista de inversiones en la empresa de *equity crowdfunding* Crowdcube (en esa modalidad, el inversor obtiene participaciones de la compañía en lugar de recompensas como en el *crowdfunding* tradicional), pero decidió dejar el trabajo para probar suerte con las zapatillas.

«Me fui a Alicante a ver cómo funcionaba la industria del calzado, porque ni Lucas ni yo teníamos entonces ni idea, y nos sigue faltando mucho por aprender, de cómo se hacía un zapato ni de los costes que suponía», explica el CEO de Tropic Feel, la empresa que su socio y él crearon a principios del año pasado.

Un *freelance* realizó la ficha técnica del producto en base a su diseño. Después, fabricaron una pequeña tirada de zapatillas (1500 pares) en Vietnam y comenzaron a venderlas *online* gracias a una ronda de inversión de 43 000 euros de *friends, family and fools* (amigos, familia… e idiotas).

Aprender y demostrar la validez de su idea era el principal objetivo de esa producción de zapatillas. De hecho, gracias a ella se dieron cuenta de que necesitaban mejorar. «La gente tiene que saber que esto tiene una funcionalidad concreta, que es acuática y que la estamos probando», recuerda haberse dicho Espinós. «Somos nuevos en esto, nos gustaría que nos dieras tu opinión porque creemos que es un producto que puede ser muy necesario pero sabemos que puede ser muy mejorable», le preguntaban a todo el que las veía.

Tras esa campaña, pensaron que las zapatillas debían ser más cómodas y ligeras, secarse más rápido o tener colores menos atrevidos. Para ello, ficharon a una diseñadora con experiencia en el mundo de la moda, Marta Hutesà, con el fin de que desarrollara el nuevo producto. Después se ha unido un nuevo socio, Ignacio Aguilera, responsable del *marketing* digital.

La compañía estadounidense Cosmo, especializada en textiles para zapatillas, se encarga de proveer los materiales del nuevo modelo, que fabricarán en China. Por el momento, ya han hecho pruebas con una talla de su calzado hasta considerar que era «un producto apto para poder venderse de forma masiva».

También han decidido modificar el mensaje de su marca. Si al principio ofrecían sus zapatillas como unas *sneakers water-friendly* (resistentes al agua), ahora han pasado a denominarlas el «zapato perfecto para ir de viaje», aunque el público sí sea el mismo. «Siempre lo hemos querido enfocar a ese *target* joven, milenial, que aprovecha los findes, que intenta escaparse siempre que puede a un viaje largo, a un viaje exótico, que intenta conocer nuevas culturas...», relata Espinós.

¿Dejarán huella?

A principios de este año, a Tropic se le concedía un préstamo participativo del organismo público Enisa por valor de 60 000 euros. Ya en abril, lanzaban su campaña de *crowdfunding* en Kickstarter con el objetivo de recaudar una cifra más modesta.

La capacidad para secarse rápidamente es una de las cualidades que deseaban estos emprendedores.

La capacidad para secarse rápidamente es una de las cualidades que deseaban estos emprendedores. *(Foto: Tropic).*

«Vender en *marketplaces online* está bien, pero te deja muy poquito margen y es complicado, y montar una marca como Pompeii es buenísimo, pero nos dimos cuenta enseguida de que el *social media* es más complejo de lo que parece», señala Espinós. «Puesto que yo había trabajado en el *crowdfunding* y conocía bien el vínculo que genera una campaña con los *backers* [mecenas] nos pusimos a ver qué existía o si había otras marcas haciendo algo así en Kickstarter y hemos encontrado varias en Estados Unidos».

Como recompensa mínima, han ofrecido sus zapatillas por algo menos de la mitad del precio de venta que han establecido (99 euros, el doble de lo que costaban las primeras). Y funcionó: esas zapatillas orientadas al turismo conquistaron a miles de mecenas de todo el mundo. Casi la mitad (más de 14 000) son estadounidenses y solo hay unos 300 españoles.

Sin embargo, tras el éxito de la campaña, han comenzado a llegar a las críticas. Algunos de los *backers* critican sus similitudes con la iniciativa de Vessi, un proyecto canadiense que anunciaba los «primeros zapatos de punto 100 % impermeables del mundo». El proyecto fue publicado a finales del año pasado y consiguió recaudar un millón de dólares (unos 860 000 euros).

Las semejanzas en la forma de comunicar de ambas campañas saltan a la vista. Por ejemplo, las dos utilizan una infografía muy similar para presentar las características del producto, una tabla comparativa parecida o apartados y textos semejantes. «La gente, cuando ve que una forma de comunicar funciona, lo que hace es replicarlo, porque si un GIF funciona yo también voy a pensar un GIF para mi campaña», justifica el CEO de Tropic Feel. «Al final es un tema de que, si esta gente lo ha hecho muy bien, vamos a tratar de explicar nuestro problema, nuestra solución, de la misma manera».

Otras críticas están relacionadas con las encuestas sobre los colores y las tallas que están enviando a los mecenas. Además de mandarlas con algo de retraso respecto a lo señalado

Actividades finales

De aplicación

2.13. ¿Crees que innovar e inventar es lo mismo? Razona tu respuesta.

2.14. ¿Qué diferencia hay entre creatividad e innovación?

2.15. ¿Qué crees que ocurrirá si una empresa no innova?

2.16. ¿Es bueno para la sociedad en general que las empresas innoven?

2.17. ¿Puedes poner algún ejemplo de innovación que tú o tu entorno estéis aprovechando para mejorar vuestra vida diaria?

2.18. Busca en internet ejemplos de personas que hayan destacado por su creatividad y grado de innovación. (Un ejemplo puede ser Steve Jobs, fundador de Apple.)

2.19. ¿Qué diferencia existe entre una innovación radical y una incremental? Cita algún ejemplo de cada una de ellas.

2.20. ¿En qué consiste la innovación del producto según el Manual de Oslo? Pon algún ejemplo.

2.21. Piensa en una empresa que ha invertido mucho tiempo y dinero en crear un producto innovador. ¿Qué ocurriría si no existieran mecanismos para protegerlo?

2.22. Define con tus palabras qué es la innovación tecnológica y pon algún ejemplo que conozcas.

2.23. Busca en internet alguna empresa de base tecnológica y explica en qué sectores de la economía actúa.

2.24. ¿Cuál es el significado de internacionalización?

2.25. Indica alguna empresa nacional que haya decidido internacionalizarse.

De ampliación

2.26. Completa una tabla de tres columnas (Segmento de mercado, Producto innovador y Asociación) para estos segmentos de mercado: 1. Alimentación; 2. Ocio y tiempo libre; 3. Salud; 4. Comunicación entre personas; 5. Medioambiente y 6. Seguridad.

2.27. Busca en internet el artículo «El valor de las gallinas» publicado en el diarioleon.es el 18 de mayo de 2014 y explica cómo se aplica el modelo de innovación dejando que el cliente participe en el producto.

2.28. IKEA es una tienda sueca que vende muebles y artículos para el hogar. Enumera cuáles son las innovaciones que ha introducido IKEA en la industria del mueble.

2.29. Averigua cuáles son los organismos encargados de desarrollar en la comunidad autónoma donde estudias las políticas públicas de innovación empresarial.

2.30. Una forma de colaboración empresarial es la denominada *joint venture*. Señala algunas de las más relevantes que conozcas e indica sus principales características.

ACTIVIDAD EMPRENDEDORA

Contenidos

3.1. La iniciativa emprendedora
3.2. Habilidades del emprendedor
3.3. El emprendedor en la sociedad
3.4. El proyecto o plan de empresa

Objetivos

- Saber lo que significa emprender.
- Identificar los rasgos y valores personales que debe tener un emprendedor.
- Conocer el compromiso del emprendedor con la sociedad.
- Aceptar la responsabilidad social que tiene el emprendedor a la hora de lanzar su idea o proyecto.
- Descubrir para qué sirve elaborar un proyecto de empresa.

Introducción

Un emprendedor es una persona que tiene la capacidad de descubrir e identificar algún tipo de oportunidad de negocios y en base a ello organizar una serie de recursos con el fin de comenzar un proyecto empresarial.

Es habitual emplear este término para designar a una «persona que crea una **empresa**» o que encuentra una oportunidad de negocio, o a alguien que empieza un proyecto por **iniciativa propia.**

Por ello, el concepto de ser emprendedor está irremediablemente atado a la idea de **innovación y riesgo** por parte de alguien que cree en sus ideas y que es capaz de llevarlas a cabo, de encontrar la manera de materializar sus sueños.

En la sociedad existe la creencia de que la suerte incide en el éxito de las empresas. Es cierto que existen situaciones que benefician a quien emprende un negocio: nacer en una determinada familia, conocer a determinadas personas..., pero la suerte no es un factor determinante. El emprendedor se hace, y todos los demás elementos fortuitos terminan finalmente dependiendo de la voluntad y el esfuerzo personal.

3.1. La iniciativa emprendedora

Es habitual emplear el término emprendedor para designar a una «persona que crea una empresa» o a alguien que empieza un proyecto por su propia iniciativa. Ser emprendedor es una de las cualidades esenciales de un empresario, junto con la innovación, la capacidad de organización o las habilidades sociales y de gestión.

Las personas dotadas de espíritu emprendedor tienen capacidad innovadora y la voluntad de probar cosas nuevas o hacerlas de una manera diferente. Generalmente son **personas que rompen con lo establecido** para buscar formas nuevas de trabajar, lo cual implica ingenio y creatividad.

> **Vocabulario**
>
> **Emprendedor:** persona que inicia una acción creativa e innovadora, generalmente aceptando un riesgo.

Dos términos que suelen confundirse o que se identifican como iguales son los de emprendedor y empresario. Un empresario es la persona que crea y dirige una empresa. En cambio, cuando hablamos de emprendedor nos referimos a un concepto mucho más amplio; es aquella persona que inicia una acción creativa e innovadora, generalmente aceptando un riesgo.

El emprendedor presenta un conjunto de habilidades y actitudes que se pueden desarrollar en campos muy diversos. Uno de ellos es el empresarial. Pero también se encuentran emprendedores en la política, la investigación, la docencia, la administración pública y en todos los ámbitos de la vida.

La figura del emprendedor ha de tener el prestigio y la consideración social que merece, ya que desempeña un papel fundamental en el descubrimiento y desarrollo de la iniciativa empresarial.

El concepto de **emprendimiento** está directamente ligado a la acción y, por tanto, a la puesta en práctica de una idea a través de la creatividad y la innovación. Este es el punto clave para comprender los principales tipos de emprendedores que hay (Tabla 3.1).

Tabla 3.1. Tipos de emprendedores

Intrapreneur	Es el emprendedor que aplica sus ideas dentro de la empresa en la que trabaja.
Entrepreneur	Es el emprendedor que aplica sus innovaciones creando su propio proyecto o empresa.
Emprendedor social	Es el emprendedor que se centra en el desempeño de tareas al servicio de la sociedad, emprendiendo la creación y gestión de organizaciones tales como ONG, grupos políticos, sindicales, etc. Actúa por vocación social pero demostrando, al mismo tiempo, gestión empresarial, ya que tiene que obtener y gestionar recursos económicos, humanos y técnicos.

Podría definirse el modelo de actuación de un emprendedor de la siguiente manera:

- **Localiza nuevas oportunidades**, mediante el estudio y análisis del mercado y sus cambios. Conoce las actitudes y preferencias del público.
- **Reúne recursos** de tipo financiero, tecnológico o humano para poder acometer el nuevo proyecto.
- **Pone en marcha el negocio** con determinación y afrontando su posición de responsabilidad, teniendo siempre presente una capacidad de innovación y originalidad.

Para saber más

Henry Ford (1863-1947) fue una figura emprendedora relevante. Era hijo de granjeros y desde muy joven mostró gran interés por la mecánica. Su idea consistió en fabricar automóviles sencillos y baratos, destinados al consumo masivo de la clase media americana. Hasta ese momento, el automóvil era un producto de lujo. Se fabricaba de forma artesanal y acarreaba elevados costes, por lo que solo podían permitírselo las personas adineradas.

Ford concibió y desarrolló un procedimiento para reducir los costes de fabricación y lograr mayor eficiencia: la producción en serie mediante una cadena de montaje. El chasis del automóvil se colocaba en una cinta, que lo iba desplazando automáticamente y lo hacía pasar por sucesivos puestos, donde varios grupos de trabajadores realizaban las tareas que cada uno tenía encomendadas hasta terminar completamente el coche.

Además, Henry Ford fue uno de los primeros en utilizar la publicidad masiva e idear un sistema de concesionarios locales, que permitió que el automóvil estuviese disponible en cada ciudad de Estados Unidos.

Su modelo de emprendimiento puso el automóvil al alcance de una población que antes no tenía acceso a él; de este modo, alteró drásticamente los hábitos de vida y de trabajo de los ciudadanos, así como la fisonomía de las ciudades.

Actividad propuesta 3.1. Emprendedores famosos

Busca información en la red sobre dos emprendedores famosos. No importa la época histórica a la que pertenezcan. Lo interesante es que a partir del análisis de su biografía extraigas las características personales que tienen en común y el modo en que se han manifestado en cada uno de ellos los valores y las actitudes propios de la autonomía y la iniciativa personal.

3.2. Habilidades del emprendedor

Cualquier persona puede ser emprendedora. Pero el espíritu emprendedor no surge espontáneamente, sino que tiene como punto de partida el deseo de ser empresario. Más allá de la motivación de cada uno, es necesario saber que el proceso de emprender es, sin duda, un camino complejo en el que el éxito no siempre está garantizado. Tener espíritu emprendedor implica ser paciente y tenaz hasta alcanzar los objetivos marcados.

El emprendedor debe tener unas habilidades o motivaciones personales que se pueden ir adquiriendo. Las principales características de un emprendedor son las siguientes:

1. **Confianza en uno mismo:** es la seguridad que alguien tiene en sí mismo. Las principales características de la confianza en uno mismo son:

   - Percibirse de forma positiva.
   - Confiar en las propias capacidades y aptitudes.
   - Creer en los recursos y posibilidades propios.
   - Expresar los propios puntos de vista, defendiendo lo que se cree que es correcto.
   - Emprender y ser capaz de tomar decisiones.

   No basta con conocer las metas y el medio. Para conseguirlo es imprescindible percibirse capaz de liderar un proyecto viable y con posibilidades de establecer relaciones productivas con clientes, proveedores, empleados y socios si hubiera.

   La percepción de las personas sobre su eficacia es un requisito esencial para desarrollar con éxito las acciones que les conducirán al logro de sus objetivos personales.

2. **Optimismo/energía y entusiasmo:** el optimismo ayuda a afrontar las dificultades. Es un rasgo de la personalidad, pero también es una capacidad o habilidad que se puede desarrollar y aprender. El **optimismo inteligente** suele encontrar soluciones a los problemas, ventajas y posibilidades.

   La persona que va a crear su propia empresa debe tener la suficiente energía como para cumplir con todas las funciones o tareas derivadas de su trabajo. Además, ha de estar entusiasmada por su idea de negocio. Es muy importante que le guste lo que hace y que disfrute haciéndolo.

3. **Capacidad para asumir riesgos:** un emprendedor busca minimizar los riesgos en sus negocios. Para ello se informa, se prepara, planifica y prevé posibles percances, diseña estrategias de emergencia, etc. Sin embargo, es consciente de que por más planificación o preparación que tenga, siempre existe la posibilidad de que las cosas no resulten como esperaba y de que surjan imprevistos o dificultades. Sabe que el riesgo es parte de la vida de un emprendedor y se enfrenta y asume la total responsabilidad por lo que podría pasar.

4. **Tenacidad:** se podría llamar constancia, perseverancia, determinación. Ayuda al emprendedor a superar los obstáculos, percances o imprevistos que pueden surgir en su trayectoria. Por muy preparado que esté, siempre se pueden cometer errores, los cuales le sirven de aprendizaje para el futuro.

   La constancia también es importante en los negocios porque hay que esperar el mejor momento para hacer cada cosa, para desarrollar estrategias, para vender... Saber qué hacer en cada momento es importante, pero también lo es esperar justo a ese momento sin desesperar;

si bien no es sinónimo de éxito, existen muchas más probabilidades de obtener los mejores resultados.

Las **cosas hay que buscarlas porque no van a llegar solas,** por eso es necesario tener **constancia y perseverancia en los negocios.** Por medio de la perseverancia se pueden superar obstáculos hasta llegar al objetivo final, pasando baches que en ocasiones impiden ver el camino pero que en la mayoría de los casos llevan a alguna parte, recorriendo un camino duro, pero hacia el éxito. Hay que saber esperar y hay que saber perseverar, pero si la idea de negocio es buena no existe alguna razón para que no acabe funcionando.

5. **Paciencia:** un emprendedor sabe que el éxito no llega de la noche a la mañana, sino que para alcanzarlo se necesita tiempo, trabajo y dedicación. Es consciente de que el camino hacia el éxito es largo y está lleno de dificultades, por lo que tiene paciencia hasta lograrlo. La confianza en sí mismo le ayuda a entender que el éxito llegará tarde o temprano.
6. **Adaptación al cambio:** un emprendedor está siempre atento a lo que sucede en el mercado. Es consciente en todo momento de los cambios que puedan darse y trata de preverlos: está atento a los gustos de los consumidores, a las nuevas tendencias y modas, a las estrategias de sus competidores, a las innovaciones tecnológicas, etcétera.
7. **Creatividad e innovación:** un emprendedor sabe que en el contexto actual, debido a la alta competencia y las exigencias de los consumidores, la clave del éxito está en crear e innovar constantemente. Esto pasa por idear nuevos productos o servicios o rediseñar o mejorar los que ya ofrece, combinando las nuevas ideas con una gestión sólida.

Sabías que

Steve Jobs, fundador de Apple, fue un emprendedor creativo e innovador desde sus inicios, pues siempre se esforzó por crear productos (como el famoso iPhone) que se diferenciaran de lo que ya existía en el mercado.

8. **Visión de negocios:** un emprendedor tiene la habilidad de identificar oportunidades de hacer negocio donde otros no las ven. Para ello, siempre está atento y en búsqueda de las nuevas posibilidades que puedan surgir. En cuanto detecta una idea atractiva, la estudia y analiza, y si descubre que es una buena oportunidad, no pierde el tiempo y consigue rápidamente los recursos que le permitan ponerla en marcha.
9. **Trabajo en equipo:** la persona emprendedora no va a trabajar sola. Normalmente contará con otras personas que realizarán diversas labores dentro de la empresa: formarán un equipo que persigue un objetivo común y que tenga la capacidad y los conocimientos necesarios que el negocio requiera. La capacidad de motivar al equipo y de liderarlo, de organizar y delegar el trabajo, será también fundamental para lograr el éxito del proyecto empresarial.
10. **Liderazgo:** el emprendedor ejerce de líder. Tiene la habilidad y la capacidad de animar y motivar a sus trabajadores para que estos lo sigan con entusiasmo, por voluntad propia y sin poner condiciones. Su carisma e inspiración hacen que sus trabajadores o colaboradores se identifiquen tanto con él como con las ideas o proyectos que decida emprender.
11. **Planificación:** la persona emprendedora sabe que al organizar objetivos, recursos y estrategias tendrá mayores posibilidades de alcanzar el éxito, pues manejará mejor su negocio y reducirá el riesgo. Antes de poner en funcionamiento su empresa investiga bien y se informa, marca objetivos, prevé los recursos que necesitará y planifica las acciones que irá desarrollando.

12. **Decisión:** un emprendedor cuenta con el conocimiento, experiencia, capacidad y sentido común necesarios para tomar buenas decisiones. Sabe que en el mundo de los negocios cada decisión es importante, por eso antes de dar pasos se toma su tiempo, los medita y analiza bien. Pero también sabe que en ocasiones debe tomar decisiones rápidamente. En esos momentos actúa confiando en su instinto de empresario, sin remordimientos y asumiendo su responsabilidad.

13. **Aprendizaje constante:** un emprendedor sabe que el aprendizaje nunca termina, y que siempre hay algo nuevo que conocer. Por ello, busca la manera de seguir aprendiendo, ya sea por su cuenta o asistiendo a cursos. Los temas sobre los que se forma son muy diversos: su propio sector, nuevas tecnologías, técnicas empresariales, etcétera.

En resumen, el perfil ideal de un empresario es el de la persona que dispone de un desarrollo adecuado de todas las competencias emprendedoras. Pero hay que saber que esto no es posible y que, además, no todas las competencias tienen el mismo peso a la hora de iniciar un negocio. Por otra parte, es conveniente que el emprendedor también cuente con conocimientos profesionales concretos (no solo cualidades) que debe desarrollar por sí mismo o sumando al proyecto a personas que los tengan.

Actividad propuesta 3.2. Cualidades para ser emprendedor

Relaciona las cualidades del empresario que se recogen en la columna izquierda de la tabla con las definiciones de la columna situada a la derecha.

Cualidad	Definición
Planificación.	Estar siempre atento a lo que ocurre en el mercado.
Visión de negocio.	El éxito no llega de la noche a la mañana. Se necesita tiempo, trabajo y dedicación.
Liderazgo.	Organizando objetivos, recursos y estrategias tendrá más posibilidades de alcanzar el éxito, pues manejará mejor su empresa.
Adaptación al cambio.	Tiene la habilidad y la capacidad de animar y motivar a sus trabajadores para que estos lo sigan con entusiasmo.
Paciencia.	Un emprendedor tiene la habilidad de identificar oportunidades de hacer negocio donde otros no las ven.

3.3. El emprendedor en la sociedad

Uno de los principales objetivos de la empresa es la obtención de un beneficio económico, pero no hay que olvidar que cada vez se da más importancia a su comportamiento ético y social.

Las personas son responsables de sus actos, así que las empresas son responsables de sus actividades. Toda empresa tiene una responsabilidad social y ambiental, y debe cuidar y proteger a las personas y el entorno en que se encuentra.

La empresa no está aislada, es una parte más de la sociedad, y su propósito no solo es ganar dinero. Tiene que generar beneficios para las personas y para la sociedad en general.

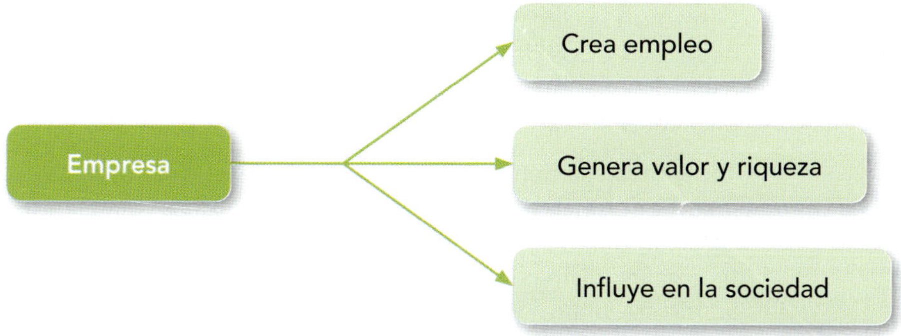

Figura 3.1. La empresa como parte de la sociedad.

Aunque la capacidad de emprender destaca la habilidad para crear nuevos espacios para la producción de bienes y servicios, no se limita al ámbito económico, se extiende a todas las esferas de la vida. La empresa ya no tiene como única referencia la rentabilidad económica y la obtención de beneficio. Cada vez se da más importancia a su comportamiento ético y social: servir a los consumidores, tratar a los proveedores justamente, mantener y generar empleo, pagar salarios justos, formar y promocionar a sus empleados, etcétera.

Para una empresa socialmente responsable, el objetivo será alcanzar la rentabilidad económica de una forma sostenible y en armonía con el medio natural y social. Una empresa con una línea de actuación sostenible es aquella capaz de conseguir:

a) Un proceso productivo menos agresivo con el medioambiente, limpio y ecológico.

b) Unas condiciones laborales dignas para sus trabajadores.

c) Una contribución al desarrollo y al beneficio social del entorno en el que realiza su actividad.

3.3.1. La cultura empresarial y la responsabilidad social corporativa

La cultura empresarial y la responsabilidad social corporativa están directamente relacionadas. La cultura empresarial define la forma en que la empresa actúa y se comporta. Un comportamiento responsable (o no) será la consecuencia de esa cultura. En otras palabras: no se puede cultivar la responsabilidad social sobre el terreno de una cultura irresponsable. Analicemos estos dos conceptos.

Cultura empresarial

La cultura empresarial se compone de los siguientes elementos presentes en el día a día de la organización:

1. **Elementos escritos:** hacen referencia a códigos de comportamiento, conductas, normas, leyes, protocolos, procedimientos y políticas establecidas de antemano en los documentos que rigen las dinámicas de las empresas.
2. **Elementos no escritos:** tienen un carácter más informal. No es necesario que estén reflejados en un documento, sino que simplemente forman parte de la esencia de cada organización: hábitos, percepciones, sentimientos, actitudes, creencias, tradiciones, formas de interacción y de comportamiento, entre otros.

> **Recuerda**
>
> La **cultura de la empresa** es el conjunto de formas de actuar, de sentir y de pensar de las personas que tienen una empresa y es lo que identifica a la empresa ante los clientes, los proveedores y todos los que conocen su existencia. Son sus normas, sus valores y su forma de pensar.

El reto de la dirección de una empresa consiste justamente en integrar estos dos tipos de elementos. Es decir, debe velar por que los hábitos escritos y los no escritos estén oportunamente alineados en procesos eficaces.

Toda empresa tiene su propia cultura que la diferencia de las otras, es el rasgo diferenciador con respecto a la competencia. Aunque las empresas sean del mismo sector, tienen distintas formas de pensar y actuar, no tienen las mismas estrategias ni los mismos objetivos, ya que no tienen la misma cultura de empresa.

El trabajador, cuando entra en la empresa, no solo debe conocer la cultura empresarial de la que se va informando ya sea explícitamente y por medio de la observación, sino que también se tiene que adaptar a ella. Es una parte muy importante de la empresa; todo puede evolucionar, la empresa puede crecer, el personal puede cambiar y los objetivos también pueden cambiar o crecer, pero la cultura de la empresa permanecerá por encima de todo. Es algo inamovible.

La cultura de la empresa es la parte fundamental que determina las funciones y acciones que realizan los miembros de la empresa, las funciones generales de la empresa. Es la base sobre la que actúan la empresa y todos sus miembros, y nace desde sus comienzos, incluso antes, cuando su creador diseñó toda la estrategia y el plan de empresa.

Los tres elementos o factores fundamentales que componen la cultura corporativa son los siguientes:

1. **Misión:** es la razón de existir de una empresa, representa su filosofía e identidad. Por eso su fundamento se mantiene en el tiempo a pesar de sufrir pequeños cambios fruto de la dinámica empresarial.
2. **Visión:** es una imagen del futuro deseado que se pretende conseguir. Es la empresa en el futuro. La visión ha de ser:
   - Posible y realista, no una fantasía.
   - Motivadora e inspiradora.
   - Compartida por todos los miembros de la organización.
   - Sencilla y de fácil comunicación.
3. **Valores:** son los principios considerados válidos dentro de una organización. Para ello, deben ser asumidos y desarrollados por todos sus integrantes. Han de tener las siguientes características:
   - Ser mayoritariamente aceptados.
   - Ser dinámicos como la propia empresa, que se adapta a un entorno cambiante.
   - Tener un contenido ético.
   - Comprometer a los empleados con la misión y visión de la empresa.
   - Hallarse en sintonía con los principios sociales preponderantes en la sociedad.
   - Hacer partícipe de los valores al conjunto de la plantilla de la empresa.
   - Actuar la empresa de acuerdo con el conjunto de valores que defiende de modo que no se produzcan contradicciones entre lo que se afirma y lo que se realiza en la práctica.

Sabías que

Hace años que el famoso buscador Google es un ejemplo de cultura corporativa extraordinaria. Sus empleados cuentan con grandes ventajas y beneficios, como comida gratis, viajes y fiestas pagadas, pagas extras, gimnasios, zonas para desconectar o dormir y otras cosas impensables que se pueden observar en la película «Los Becarios».

La empresa ha crecido y, con ella, la cultura se ha ido reinventando para adaptarse a su gran cantidad de empleados. Es una cultura que se renueva para evitar posibles temores que pueden surgir por trabajar en una gran compañía con ambiente competitivo. En Google quieren evitar este estrés, y fomentan el trabajo en equipo con sus oficinas y cafeterías diseñadas de forma que los Googlers puedan interactuar y favorecen las conversaciones de trabajo y los juegos.

Figura 3.2. Todas las empresas tienen una cultura empresarial, aunque solo algunas de ellas establecen un plan específico característico de su marca que las diferencie del resto.

Actividad propuesta 3.3. Cultura empresarial

Busca en internet Zappos, una tienda de calzado *online* para hombre y para mujer y explica en qué consisten su cultura y sus valores empresariales.

Responsabilidad social corporativa

La **responsabilidad social corporativa (RSC)** es un concepto moderno que se originó en la segunda mitad del siglo XX. Es el compromiso voluntario que las empresas hacen para la mejora social, económica y ambiental.

En un primer momento las empresas transformaron el imperativo de la ONU (Organización de las Naciones Unidas) de contribuir en el desarrollo económico, ambiental y social de los lugares donde operan en pura filantropía; en donaciones destinadas a los colectivos más desfavorecidos de la sociedad. Luego llegó la hora del medioambiente y las corporaciones desplegaron multitud de acciones en su defensa, redujeron las emisiones, mermaron el consumo de agua y de energía... Y así se llega a la actualidad, cuando la RSC se ha convertido en algo serio. Así, cada vez más compañías sitúan la responsabilidad social entre sus estrategias.

La Organización Internacional del Trabajo (OIT) define la responsabilidad social corporativa (también denominada responsabilidad social empresarial o RSE) como una nueva manera de hacer negocios, en la que las empresas tratan de encontrar un equilibrio entre la necesidad de alcanzar unos objetivos económicos, financieros y de crecimiento, y el impacto social o ambiental de sus actividades.

Vocabulario

Responsabilidad social corporativa (RSC): es una forma de dirigir empresas basada en la gestión de los impactos que su actividad genera sobre sus clientes, empleados, accionistas, comunidades locales, medioambiente y sobre la sociedad en general.

Las empresas deben mantener un comportamiento ético al desarrollar su actividad, pero no basta solo con eso, ya que deben justificarlo y demostrárselo a la sociedad. Para ello, tendrán que poner en marcha políticas y acciones que afecten a todos los ámbitos de su negocio (laboral, económico y social) y a todos los departamentos de la empresa.

Existe un acuerdo sobre las grandes áreas temáticas que abarca la RSC: la económica, la social y la medioambiental. Sin embargo, si algo caracteriza a la RSC es su carácter pluridimensional que afecta a los distintos ámbitos de su aplicación:

- Derechos humanos.
- Derechos laborales.
- Medioambiente.
- Protección/intereses del consumidor.
- Protección de la salud.
- Lucha contra la corrupción y el fraude.

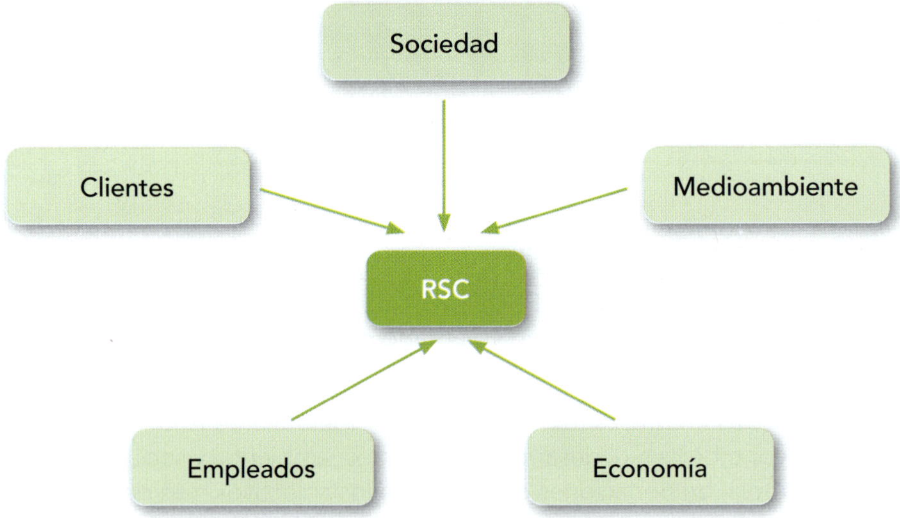

Figura 3.3. Elementos que integran la responsabilidad social corporativa.

A continuación se detallan los beneficios para una empresa socialmente responsable:

- Mejora su imagen ante los empleados y los clientes, algo esencial en todo negocio.
- Conecta mejor con el consumidor de nueva generación. Las nuevas generaciones valoran la tolerancia, la ética en los negocios y la transparencia mucho más que sus predecesores.
- Establecen un modo de negocio más sostenible. Invertir en RSC es hacer una apuesta por el futuro del negocio, pensar a largo plazo y con una visión más amplia. Es una forma de dar solidez a la empresa y afianzar su actividad a lo largo de los años.
- Reduce los costes de producción. Al optar por medidas responsables con el medioambiente, se reducirán gastos en la empresa, como luz, agua, emisiones de CO_2, embalajes innecesarios, etcétera.
- Incrementa su credibilidad. En la era de internet todos los empresarios buscan la forma de ganarse la confianza de los consumidores y ser creíbles. Las nuevas tecnologías permiten acceder a

un sinfín de información sobre las empresas, que afectan de forma positiva o negativa en la percepción que los clientes potenciales pueden tener de la organización. La RSC ayuda a mostrar con transparencia y claridad el impacto social que la empresa tiene con su actividad empresarial.

- Prestigio de la marca tanto dentro como fuera de España.

Se considera que la RSC hace referencia a cuatro apartados:

1. **Aspectos económico-financieros y de gestión:** el objetivo último de cualquier organización empresarial es obtener el máximo beneficio económico. Sin embargo, para una empresa socialmente responsable el objetivo será conseguir la rentabilidad económica de una forma sostenible y en armonía con el medio natural y social, además de mostrar una total transparencia informativa en su gestión.
2. **Aspectos medioambientales:** las empresas deben reducir el efecto negativo de su proceso productivo sobre el medioambiente. Para ello, tendrán que fomentar la investigación en este campo.
3. **Aspectos sociales:** esta última faceta de la RSC tiene por objeto que la empresa contribuya al desarrollo y al beneficio social del entorno en el que lleva a cabo su actividad. Desde este punto de vista, la empresa responsable debe destinar parte de su esfuerzo a «devolver» a la sociedad un porcentaje del beneficio económico que obtiene.
4. **Ayuda a la conciliación de la vida familiar de sus trabajadores:** las empresas empiezan a tomar conciencia de que el bienestar de sus trabajadores y trabajadoras está directamente relacionado con su rendimiento y eficacia en el desarrollo de sus funciones. Para conseguirlo, es necesario que se establezcan unos objetivos que permitan compatibilizar la vida familiar y la laboral de una forma cómoda y asequible.

Sabías que

En 2001 Inditex puso en marcha el departamento de RSC con tres principios:

- Buena fe hacia los consumidores, clientes y la sociedad en general.
- Diálogo constante con sus grupos de interés.
- Transparencia informativa sobre su estrategia de sostenibilidad.

Figura 3.4. La RSC es un concepto que integra responsabilidades compartidas entre todos los actores que participan en la empresa.

Actividad resuelta 3.1. Compromiso medioambiental

Indica cómo crees que puede incorporar una empresa el compromiso medioambiental a su organización.

Solución:

En principio, se deberá ajustar al reglamento existente. El cuidado del medioambiente se puede realizar desde todos los ámbitos, empezando dentro del edificio y cuidando el uso de los recursos, como la luz, el agua, la separación de los residuos, etcétera.

Sabías que

Mazda es una empresa que ha sido premiada por no permitir que sus trabajadores tengan reuniones más allá de las 17:00 horas (política de «luces apagadas») y por la ampliación de la reducción de la jornada por permiso de maternidad durante todo el año después del parto.

Actividad propuesta 3.4. Acciones empresariales

Como ya se ha dicho, todo empresario busca la rentabilidad económica de su empresa y se dice que tiene responsabilidad social cuando además impulsa acciones que benefician a sus trabajadores y a las familias de estos, así como a sus proveedores, sus clientes y al medioambiente.

Relaciona las acciones de un empresario socialmente responsable que se recogen en la columna izquierda de la tabla con las personas a las que beneficia enumeradas en la columna derecha.

Acciones que realiza una empresa	A quién o a qué beneficia
Utilización de materias primas biodegradables.	Proveedores.
Cursos de formación para los trabajadores que lo deseen dentro del horario laboral.	Medioambiente.
Compromiso de pago a proveedores en un plazo máximo de 30 días.	Trabajadores.
Puestos para realizar las prácticas de ciclos formativos en la empresa para los hijos de los trabajadores.	Clientes.
Promoción en todos sus productos de una rebaja del 25 % en la compra de la segunda unidad.	Familia de los trabajadores.

3.4. El proyecto o plan de empresa

El propósito de emprender es sacar adelante una idea haciéndola realidad. Es decir, darle salida a un proyecto mediante la creación de una empresa. Antes de llevar a cabo la idea emprendedora se deben hacer unas preguntas:

- ¿Existen suficientes clientes para este tipo de negocio?
- ¿Se tienen recursos para llevar adelante la idea (materiales, herramientas, maquinaria, dinero)?

- ¿Hay empresas alrededor con las que competir?
- ¿Qué hace un negocio diferente al resto?

El proceso de constitución y puesta en marcha de una empresa es una tarea algo ardua, no por su complejidad, sino por la laboriosidad de la tramitación para formalizar esa constitución. A la hora de decidir crear una empresa, hay que tener en cuenta su planificación global a largo plazo, la definición de la actividad a desarrollar, la valoración de los riesgos, la capacidad financiera, la viabilidad del negocio, el estudio de mercado, etc. Todos estos aspectos conviene recogerlos en lo que se denomina **plan de empresa.**

Cualquiera puede crear una empresa. Lo importante es que sea viable. Y para esto es necesario pensar cómo concretarla, si ese producto tendrá sitio en el mercado y si lo comprará alguien. Para ello, el emprendedor tiene que elaborar un plan de empresa que le ayude a comprobar si es capaz o no de convertir la idea en un negocio.

> **Vocabulario**
>
> **Plan de empresa:** es un documento de trabajo voluntario (la ley no exige que exista), en el que se desarrolla la idea del negocio que se pretende poner en marcha.

El plan de negocio es un documento escrito que analiza y estudia con detalle la idea empresarial, además de examinar su viabilidad económica, técnica, financiera y comercial. Igualmente, el plan establece las estrategias a seguir, los recursos a emplear y evalúa las perspectivas del proyecto.

La idea de negocio ha de basarse en una oportunidad de mercado nada o poco abastecido y con potencial de crecimiento. Además, es necesario tener conocimientos técnicos del mercado, del sector y del negocio concreto, así como de las necesidades económicas para acometer el proyecto. Ha de tratarse de una idea realista, viable técnicamente y desde el punto de vista económico. Por último, su rentabilidad debe justificar los esfuerzos necesarios para su puesta en marcha.

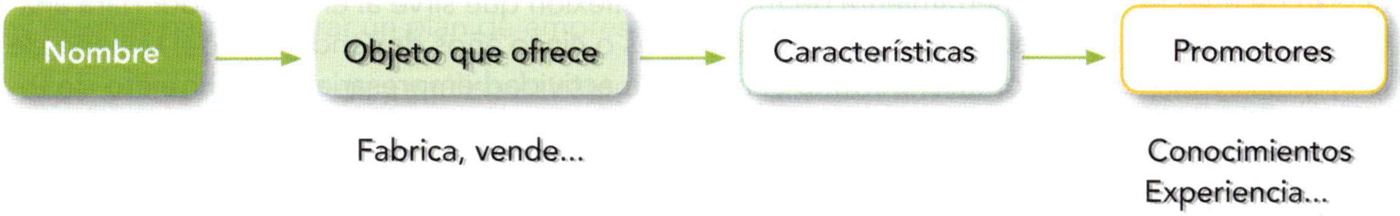

Figura 3.5. Datos básicos antes de comenzar a redactar el plan de empresa.

No existe un modelo concreto o guion estandarizado para el plan de empresa. No obstante, la mayoría recoge los siguientes apartados:

a) Descripción de la empresa, negocio o iniciativa empresarial, y experiencia y objetivo de los promotores.

b) Definición del producto o servicio a suministrar.

c) Elección de la forma jurídica.

d) Análisis del mercado.

e) Plan de *marketing* y comercialización.

f) Plan de producción y operaciones, de organización y recursos humanos.

g) Plan de inversión y financiación.

Se recomienda que el documento no tenga una extensión superior a las 50 páginas, que sea claro y conciso, que no utilice excesiva terminología y que se realice de manera objetiva. Además,

- Localización de la empresa.
- Forma jurídica.
- Cultura empresarial y responsabilidad social corporativa.
- Presentación de los promotores con sus datos personales y qué aporta cada uno: experiencia profesional, formación relacionada con el tipo de negocio que se va a desarrollar, etcétera.

Sabías que

La **imagen de marca** es un instrumento de gran importancia que ayuda a diferenciar un producto del resto de los que se ofrecen en el mercado. La imagen que se forman los consumidores con respecto a una marca hace que sus productos sean percibidos como diferentes, de mayor calidad o con mejores prestaciones, de modo que los preferirán frente a los productos de la competencia. Todos tenéis en mente e identificáis marcas como Coca-Cola, Apple, etcétera.

3.4.2. Elección de la forma jurídica

En este apartado hay que describir la forma jurídica que hemos decidido que tenga la empresa. Ya vimos en la Unidad 1 la clasificación de las empresas según su forma jurídica. Los factores claves a tener en cuenta a la hora de la elección son:

- Número de socios que va a tener la sociedad.
- Cuál es el capital mínimo con el que se cuenta.
- Qué responsabilidad se desea que tengan los socios respecto a las deudas que pueda contraer la empresa.

3.4.3. Análisis de mercado

Este análisis consiste en recabar información mediante una investigación de mercado sobre el entorno en el que se quiere implantar una idea. El objetivo es comprobar la existencia de un hueco de mercado para la empresa y su producto, así como las posibilidades de éxito. Para ello, hay que analizar la competencia, conocer las empresas de esa actividad y su forma de trabajar. Las fuentes de información son muy variadas: cámaras de comercio, asociaciones de consumidores, consultar los resultados económicos de las otras empresas en el Registro Mercantil.

En cualquier sector de la actividad económica la competencia está garantizada, y en muchos de ellos es el principal obstáculo, dada la gran variedad de empresas implantadas y de oferta de bienes y servicios. Por eso es muy importante conocer las empresas competidoras, cómo trabajan, qué productos ofrecen, qué precio tienen los productos que ofrecen, etcétera.

Antes de llevar a la práctica la idea emprendedora, es necesario estudiar su viabilidad, es decir, las posibilidades de éxito o de fracaso. Para ello es necesario conocer bien el mercado en el que se va a actuar.

Las fuentes de información interna pueden ser recopiladas por la propia empresa mediante la realización de encuestas, entrevistas, reuniones de consumidores, etc. La información externa consiste en la información recogida en otros estudios e investigaciones realizadas por otras entidades, ya que existen muchas publicaciones sobre el mercado, su evolución, etcétera.

Recuerda

La **investigación de mercado** consiste en la recopilación y análisis de toda la información posible sobre el mercado en el que va a operar la empresa. Es un proceso organizado, sistemático y objetivo, que permite comprobar la viabilidad de la idea y diseñar las estrategias adecuadas para iniciar el proyecto.

En el caso del lanzamiento de un bien o de un servicio, los estudios de mercado están condicionados por dos situaciones distintas:

1. Si ya existe un producto similar, se realizará un estudio del consumidor actual, en el que se describan sus características (sexo, edad, poder adquisitivo...) y las pautas de consumo (frecuencia, influencia de las marcas, lugar de compra...).
2. Si el producto es totalmente novedoso, el primer paso será averiguar hasta qué punto puede ser aceptado, qué valores se verán en él y qué frenos puede haber al consumo. También es aconsejable estudiar si ya existen productos que cubren necesidades parecidas y cómo lo hacen.

Figura 3.8. El estudio de mercado es fundamental para conocer a tus competidores y establecer estrategias para generar oportunidades.

3.4.4. Plan de *marketing*

Se puede definir el *marketing* como una estrategia de la empresa centrada en satisfacer las necesidades y los deseos del consumidor y proporcionar un beneficio a la empresa.

El *marketing* fue inventado para satisfacer las necesidades del mercado a cambio de un beneficio para las empresas que se sirven de ellas para desarrollarse. Es una herramienta que sin lugar a dudas es estrictamente necesaria para conseguir el éxito en los mercados.

Para saber más

Según Philip Kotler, considerado el «padre del *marketing*», el *marketing* consiste en un proceso administrativo y social gracias al cual determinados grupos o individuos obtienen lo que necesitan o desean a través del intercambio de productos o servicios.

El plan de *marketing* responde a cómo se va a llegar al cliente. Se trata de un documento donde se recoge el análisis de la situación de la empresa, los objetivos que busca conseguir y los pasos a seguir para conseguirlos. A la hora de elaborar el **plan de *marketing*,** la organización es clave. Hay una serie de aspectos que todo plan debe incluir, y un orden lógico en el que trabajar sobre ellos para que el resultado final sea coherente y operativo.

Los especialistas en *marketing* suelen centrar sus actividades en el conjunto de las cuatro P (dada su denominación original en inglés):

1. **Producto** (*product*).
2. **Precio** (*price*).
3. **Promoción** (*promotion*).
4. **Distribución** (*placement*).

El *marketing* apela a diferentes técnicas y metodologías con la intención de conquistar el mercado y conseguir esos objetivos propios de una empresa comercial.

Figura 3.9. Conjunto de instrumentos del *marketing mix*. *(Fuente: José Sande, compartiendo-conocimiento.com.)*

En la Figura 3.9 se recoge cada una de las cuatro estrategias de *marketing* (*marketing mix*) y se explican a continuación.

1. **Estrategia de producto:** se puede definir el producto como cualquier bien o servicio (o la combinación de ambos) que se ofrece con la finalidad de satisfacer los deseos del consumidor. En el plan de *marketing* hay que describir detalladamente la gama de productos que se ofrecen. De cada producto hay que identificar:
   a) **Aspectos básicos:** composición, materiales, características fundamentales, utilidad y ventajas que el cliente puede ver en él.
   b) **Diseño, envase, embalaje, calidad y nombre de la marca:** hoy en día cada vez está cobrando más importancia la marca en los servicios.
   c) **Servicios relacionados con el producto:** servicio posventa, garantía, asistencia técnica, instalación, entrega a domicilio, mantenimiento, financiación, formación para su uso, etcétera.
   d) **Innovación o diferenciación** respecto a los productos de la competencia.
   e) **Modo de presentación** para que el cliente lo compre.

Incluso aunque ya se cuente con una línea de productos muy bien definida y posicionada, siempre se producen cambios a lo largo del tiempo. Por ejemplo, se pueden lanzar productos nuevos, cambiar el posicionamiento de uno ya existente o actualizar los *packagings*.

Para saber más

Hay que tener en cuenta no solo la calidad real del producto, sino también la calidad percibida por el cliente. Esto significa que un producto tiene una elevada calidad si así lo percibe el cliente en comparación con el de la competencia.

2. **Estrategia de precio:** de todos los componentes del *marketing mix*, el precio es probablemente el que tiene mayor influencia en las ventas y produce los efectos más inmediatos. A la hora de fijar el precio se debe tener en cuenta:

a) **El coste del producto:** hay empresas que fijan el precio añadiendo un margen de beneficio al coste del producto.

b) **Los precios de la competencia:** aquí vendrá muy bien analizar la información de la que se dispone sobre la competencia. Es preciso definir los precios de lanzamiento de los productos nuevos, considerar si se deben hacer modificaciones en los que ya están en el mercado y, quizá lo más importante, decidir toda la estrategia de descuentos, promociones y ofertas. La competencia limita o condiciona, «bien por arriba, o bien por abajo», en función de su política comercial o la posibilidad que tiene de reducir costes.

c) **La demanda:** puesto que la cantidad de un producto que los consumidores están dispuestos a comprar varía en función de su precio, sería interesante investigar, mediante encuestas o pruebas piloto, el precio que serían capaces de pagar por el producto.

d) **La percepción del consumidor:** no se tiene que olvidar la percepción psicológica que los consumidores tienen sobre el valor real del producto, ya que los factores emocionales influyen en las decisiones del comprador.

3. **Estrategia de distribución:** el objetivo de la distribución es hacer llegar los productos de la empresa al consumidor en el lugar, momento y cantidad más adecuados para él, con el fin de facilitar el consumo de esos productos.

   Todo emprendedor debe identificar los canales de distribución que existen para su producto y estudiar su funcionamiento. Después se decidirá si el producto se va a distribuir directamente o si se hará a través de otras empresas. El canal elegido debe adaptarse a los cambios, ya que las formas de distribución evolucionan constantemente debido a las nuevas tecnologías y a las exigencias de los consumidores. Se deben incluir nuevos canales de distribución, como la venta *online*, mejorar los plazos de entrega, reducir los gastos de envío, etcétera.

Para saber más

Los **canales de distribución** son las vías elegidas por una empresa para que un producto haga el recorrido desde que es creado hasta que llega al consumidor final.

4. **Estrategia de promoción y comunicación:** aquí entran en juego todas las acciones para dar a conocer el producto con medios tanto *online* como *offline*. Dada la rápida evolución del entorno del *marketing online* y de los hábitos digitales de los consumidores, este es uno de los apartados que más se tiene que revisar con el paso del tiempo. Para ello, la empresa dispone de una serie de alternativas, de las que deberá seleccionar, en cada caso, la más conveniente para llegar a su clientela potencial. Las acciones de promoción y comunicación de una empresa son las siguientes:

   a) **Publicidad:** la publicidad proporciona información sobre los productos o la actividad de la empresa, con el objetivo de modificar la conducta de la audiencia, de modo que compre el producto en vez del de la competencia. Para darse a conocer, se pueden utilizar diversos medios publicitarios:

   - ***Marketing* directo:** buzoneo, envío de cartas (*mailing*), *telemarketing* (información a través del teléfono).
   - **Prensa:** diarios, prensa especializada, revistas, prensa gratuita, etcétera.

Figura 3.10. Los estudios de *marketing* aseguran que el proceso de compra está en conexión con los sentimientos y la necesidad psicológica que se crea en torno a la pertenencia; esta es la causa por la que la publicación exterior es tan efectiva. *(Fuente: cleceooh.com.)*

- **Página web:** un medio ya habitual de comunicación es internet, desde donde se puede dar a conocer el futuro negocio.
- **Radio y televisión**: publicidad de alto impacto principalmente por la cantidad de potenciales clientes a los que se puede llegar. Generalmente suele presentar costes elevados.
- **Publicidad exterior:** vallas, marquesinas de las paradas de autobús, medios de transporte, etcétera.

b) **Promoción de ventas:** son aquellas actividades que se realizan durante un tiempo limitado. Esta herramienta se suele utilizar para incentivar las ventas en un momento determinado. Algunas de las promociones más utilizadas son: muestras gratuitas, sorteos, ofertas de 2 x 1, vales descuento, obsequios, degustaciones, etcétera.

Actividad propuesta 3.5. Promoción publicitaria

Identifica qué actividad de promoción se utiliza en cada una de las siguientes situaciones:

- Una tienda de electrodomésticos contrata vallas publicitarias en la ciudad en la que se encuentra situada.
- Una cadena de almacenes realiza una gran campaña publicitaria durante el *Black Friday*.

3.4.5. Plan de recursos humanos

El plan de recursos humanos describe todas las cuestiones relacionadas con el capital humano de la empresa. Sus principales apartados son estos:

- Descripción de los puestos de trabajo necesarios para la empresa.
- Cuantificación del coste de personal que se ha previsto.
- Condiciones laborales de los trabajadores: nivel de retribución, tipo de contrato, etcétera.
- Selección y formación de personal: forma de reclutar y seleccionar al personal de la empresa, así como el plan de formación.

Figura 3.11. El proceso de selección de personal en una empresa requiere de la previa determinación de las características del puesto de trabajo que se va a ocupar y, en consecuencia, de los requisitos que los candidatos han de reunir.

Actividad resuelta 3.3. Perfil de un puesto de trabajo

Un emprendedor va a crear una copistería. En principio va a contratar un empleado. ¿Cómo se debe plantear el perfil del puesto de trabajo para incorporarlo al plan de recursos humanos?

Solución:

El perfil del puesto de trabajo que se va a cubrir para la copistería podría ser el siguiente:

Puesto a ocupar	Dependiente o dependienta
Funciones.	Atender al público y realización de trabajos de copistería y algunos trabajos administrativos.
Características del empleado o empleada.	• Título de ciclo formativo de grado medio de gestión administrativa. • Capacidad de relacionarse. • Carnet de conducir.
Tipo de contrato.	Contrato en prácticas.
Horario.	De 08:30 a 16:30 horas.

3.4.6. Plan de inversión y de financiación

Cuando el emprendedor decide iniciar su actividad empresarial, debe estimar cuánto dinero ha de invertir para poner en marcha el negocio antes de iniciarlo, y analizar si se verá compensado por los futuros ingresos. Para ello deberá elaborar un plan de inversión y un plan de financiación.

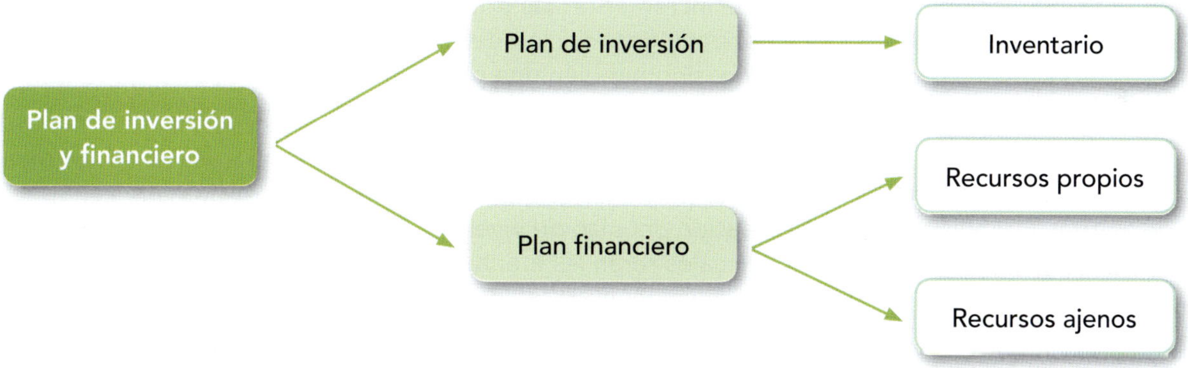

Figura 3.12. Plan de inversión y financiero.

Plan de inversión

El plan de inversión incluye todos los elementos que necesita la empresa para iniciar su actividad; por tanto, reflejará en qué va a emplear el dinero desde el inicio.

Realizar un plan de inversión es necesario siempre que se vaya a realizar una nueva inversión en la empresa, o lo que es más importante, cuando se va a iniciar una nueva empresa o negocio. Para este plan de inversión es necesario elaborar un inventario o estimación de todos los recursos económicos que la empresa va a necesitar para poner en marcha el nuevo proyecto o negocio. En esta estimación se incluyen dos tipos de partidas:

- Las inversiones propiamente dichas: maquinaria, compra de un local, aplicaciones informáticas, etcétera.
- Y todos los gastos corrientes a los que tendrá que hacer frente durante los primeros meses de actividad: alquileres, suministros, proveedores, etcétera.

Para saber más

El **inventario de empresa** es una descripción pormenorizada de todos los elementos que constituyen el negocio. Desde esta perspectiva, se lleva a cabo una relación de los **bienes.** El inventario permite conocer la situación patrimonial de la empresa.

El inventario ha de ser un **inventario valorado.** Cada partida de inversión o gasto debe tener su presupuesto o valoración económica, así como los plazos en los que habrá de hacerse frente al pago. Si el plan de inversión se realiza de forma meticulosa, el emprendedor sabrá cuáles son los gastos que tendrá que desembolsar para poner en marcha su negocio y reducirlos a los estrictamente necesarios. Esto, unido a la estimación de ventas, desvelará si a priori la idea de negocio va a ser rentable.

Elaborar un plan de inversión hace reflexionar sobre los siguientes aspectos:

- La **necesidad de cada una** de las inversiones y gastos del proyecto.
- Analizar las **opciones más favorables para adquirir** esos bienes o servicios.
- Cuándo será el **mejor momento de incorporación** al negocio.

En definitiva, es una oportunidad de incrementar las posibilidades de éxito del emprendedor. Además, si el emprendedor va a necesitar financiación externa, el plan de inversión debe ser no solo un documento de trabajo interno, sino también **una presentación del proyecto que plasme sus posibilidades de éxito.**

Antes de crear una empresa merece la pena dedicar **un esfuerzo especial a elaborar un plan de inversión inicial cuidado y realista** para aprovechar al máximo los beneficios que este puede aportar. El siguiente paso a la creación del plan de inversión es la elaboración de un plan de financiación, donde se determinarán cuáles serán las fuentes de las que se obtendrán los recursos necesarios y la forma y los plazos de devolución de la financiación ajena.

Plan de financiación

Junto al plan de inversión se reflejará el plan financiero, que muestra la política de inversión de la empresa y cómo se va a financiar esta. Los recursos financieros son los medios que sirven para satisfacer una necesidad. En el plan de negocio hay que indicar de dónde se va a obtener el dinero necesario para ponerla en marcha. Las fuentes de financiación pueden clasificarse según la procedencia del capital:

- **Capital propio.** Está integrado por:
  - Las aportaciones de los socios en forma de capital.
  - Dinero que se tiene ahorrado, etcétera.

- **Capital ajeno.** Está integrado por:
  - Préstamos y créditos de entidades bancarias.
  - Subvenciones del Estado, de las comunidades autónomas o de los ayuntamientos.
  - Ayudas al autoempleo.

Con el plan financiero se trata de **averiguar la liquidez futura de la empresa.**

Figura 3.13. En el plan financiero se recoge toda la información económica del negocio. Esto permite conocer en profundidad la viabilidad de la empresa que se pretende crear.

Actividad resuelta 3.4. Capital para iniciar un negocio

Un emprendedor va a abrir una copistería en un local de su propiedad. Para comenzar la actividad cuenta con un capital de 10 000 € y además ha pedido un préstamo al banco de otros 10 000 €. El ayuntamiento de su localidad le ha concedido una subvención de 7000 € por incentivo a la creación de autoempleo. Para comenzar el negocio necesita comprar:

- Dos fotocopiadoras por valor de 1500 € cada una.
- Una destructora de papel por valor de 630 €.
- Mobiliario valorado en 1370 €.
- Papel, carpetas, etc., por valor de 500 €.

¿De cuánto dinero dispondría este emprendedor para iniciar el negocio.

Solución:

Dinero con el que cuenta	
Capital propio	10 000 €
Préstamo bancario	10 000 €
Subvención del ayuntamiento	7000 €
Total:	**27 000 €**
Inversiones a realizar	
Fotocopiadoras	3000 €
Destructora de papel	630 €
Mobiliario	1370 €
Mercaderías	500 €
Total:	**5500 €**
Disposición al iniciar el negocio	**21 500 €**

Mapa conceptual

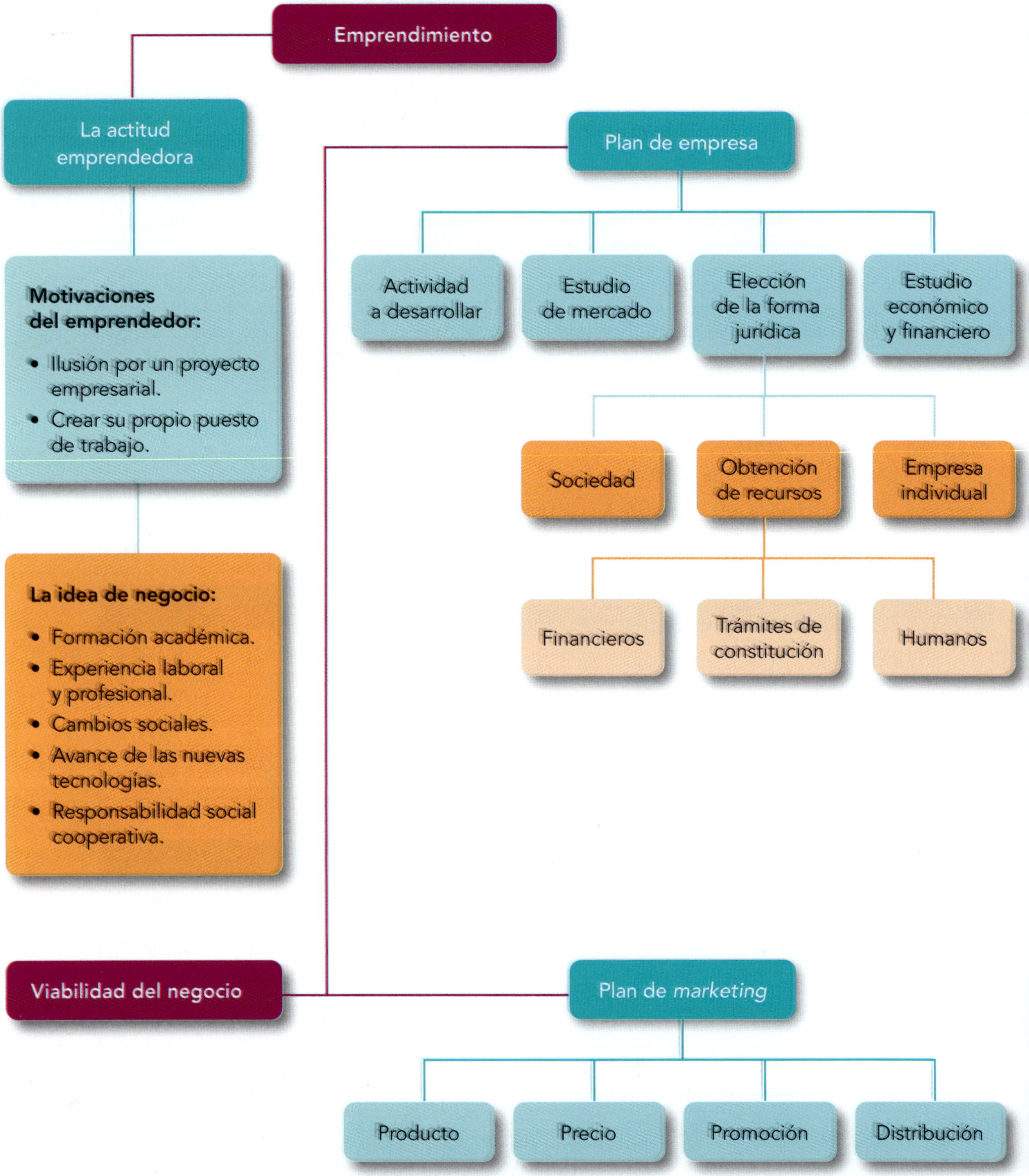

LEE Y REFLEXIONA

Lee el artículo «Emprendimiento: gafas imperdibles en el mar», publicado por la edición digital de ABC Castilla-León el 27 de julio de 2018.

Emprendimiento: gafas imperdibles en el mar

Esta nueva firma segoviana, AWA Sunglasses, ha creado unas lentes que flotan en el agua

La empresa segoviana Proyectos Valuarte lleva poco más de un mes comercializando un nuevo tipo de gafas que no existían en el mercado habitual, más allá de ciertos modelos utilizados por deportistas. Se trata de unas lentes que, por sus características, flotan en el agua y pesan unos escasos 16 gramos. Así lo explica su creadora, Esther Fernández, que apunta que esta idea se le ocurrió por «un problema personal» que le surgió hace más o menos un año, cuando estaba en la playa y decidió ir a la óptica por si tenía algo de presbicia. En ese momento, en el establecimiento le comunicaron que le estaba saliendo «una membrana que genera el propio ojo por exceso de radiación solar» con lo que le recomendaron que usase gafas de sol, también cuando se metiese al mar a bañarse.

Con el temor de que sus gafas de marca se le estropeasen por el salitre del agua marina, Fernández fue a una óptica para comprarse unas lentes óptimas para estas ocasiones. Al ser incapaces de solucionarle el problema, ya que no existían modelos que no se estropeasen ni flotasen, decidió hablar con su socia de Proyectos Valuarte, Raquel Ron, y se pusieron manos a la obra. Durante sus viajes a la playa, observaron la cantidad de personas que usaban las gafas de sol para meterse en el mar y llegaron a la conclusión de que eran muchas.

Recopilados estos datos, viajaron a China y descubrieron que tanto una marca australiana como una estadounidense tenían este tipo de lentes hidrófobas y con flotabilidad, pero eran «de alta gama, destinadas a deportes acuáticos como surf y *kitesurf* y eran demasiado deportivas». Pero por lo menos ya sabían que su idea era posible, con lo que crearon nuevos moldes y nació AWA Sunglasses. Según Fernández, estas gafas, además de tener la patente española y europea de flotabilidad e hidrófugas, pesan alrededor de 16 gramos, con lentes polarizadas y filtro solar 3, además de tener un tratamiento hidrófobo y antiarañazos.

«Nos están pidiendo más»

Por el momento, las gafas de la marca AWA se pueden adquirir por internet y en varios establecimientos de Segovia, donde las primeras deposiciones ya se han ido vendiendo «y nos están pidiendo más», con lo que en ese sentido Fernández dice estar «muy contenta». En el caso de internet, la jefa de producto asegura que «va más lento» porque todavía ven cierta «reticencia» a la compra de lentes por esta plataforma, si en principio no se conocen, «porque no saben si les va a quedar bien».

Actividades finales

De aplicación

3.13. ¿Qué entiendes por espíritu emprendedor?

3.14. ¿Cuál es la diferencia entre emprendedor y empresario?

3.15. Piensa en personas de tu entorno cotidiano o de la vida pública que podrían ser calificados como emprendedores. ¿Puedes poner dos ejemplos?

3.16. Explica en qué consiste la cultura de empresa.

3.17. Señala por qué las empresas importantes emplean criterios de responsabilidad social corporativa.

3.18. ¿Cómo puede un emprendedor detectar una oportunidad de negocio?

3.19. Explica de forma resumida en qué consiste el plan de *marketing*.

3.20. Accede a la página web de El Corte Inglés y realiza un extracto de los compromisos sobre responsabilidad social corporativa que tiene con los siguientes grupos:

- Clientes.
- Empleados.
- Proveedores.
- Sociedad.

3.21. ¿Qué datos debes tener en cuenta a la hora de elegir la forma jurídica de la empresa?

3.22. Cita al menos tres ejemplos de empresas que realicen campañas de promoción publicitaria con un eslogan por el que son reconocidas.

3.23. ¿Quiénes son los *entrepreneurs*?

De ampliación

3.24. ¿Qué iniciativa emprendedora se puede plantear el dueño de una copistería que tiene el local cerca de un instituto?

3.25. Investiga en Google la cultura corporativa de Facebook.

3.26. Explica la función y la utilidad de un plan de empresa.

3.27. Enumera los apartados de los que consta un proyecto de empresa.

3.28. Cita tres ejemplos de anuncios publicitarios que te hayan llamado la atención por su originalidad, y explica por qué.

3.29. Imagina que quieres montar un gimnasio en el lugar en el que vives. Elabora un plan de *marketing* e indica cada uno de los elementos que forman parte del *marketing mix*.

Unidad 4

OBLIGACIONES FISCALES DE LA EMPRESA

Contenidos

Objetivos

- Analizar la normativa fiscal propia de las empresas.
- Conocer el impuesto de actividades económicas.
- Estudiar el proceso de alta en el censo de actividades económicas.
- Comprender el impuesto sobre el valor añadido.
- Entender el impuesto sobre la renta de las personas físicas y sus formas de estimación de la renta.
- Consultar el calendario fiscal.
- Examinar el impuesto de sociedades.

Introducción

El desarrollo de la actividad empresarial implica tener presente las normas fiscales que son de aplicación y que se diferencian claramente de las que atañen a las personas físicas. Si bien es cierto que la situación más habitual es que el emprendedor delegue la gestión cotidiana de la fiscalidad empresarial en un empleado o en una asesoría externa, es importante que conozca las reglas generales que enmarcan la fiscalidad empresarial para realizar su planificación de la manera más adecuada.

4.1. Actividades empresariales y profesionales

No existe una definición conjunta del concepto de actividades empresariales y profesionales en el ámbito tributario, lo que obliga a analizar el mismo desde diversos puntos de vista.

Desde la perspectiva del impuesto sobre actividades económicas, tienen la consideración de actividades económicas cualesquiera actividades de carácter empresarial, profesional o artístico. Imagina que creas un negocio como una panadería, un restaurante o una asesoría fiscal; todos son ejemplos de actividades económicas que seguramente tienes cerca de ti.

No tienen la consideración de actividad económica la utilización de medios de transporte propios ni la de reparación en talleres propios, siempre que a través de unos y otros no se presten servicios a terceros.

Figura 4.1. Los empresarios y profesionales cuentan con una serie de obligaciones fiscales específicas. *(Fuente: www.aeat.es.)*

Desde la perspectiva del IRPF se considerarán rendimientos íntegros de actividades económicas aquellos que, procediendo del trabajo personal y del capital conjuntamente, o de uno solo de estos factores, supongan por parte del contribuyente la ordenación por cuenta propia de medios de producción (por ejemplo, vehículos o maquinaria) y de recursos humanos de uno o de ambos, con la finalidad de intervenir en la producción o distribución de bienes o servicios.

En particular, tienen esta consideración los rendimientos de las actividades de fabricación, comercio o prestación de servicios, incluidas las de artesanía, agrícolas, forestales, ganaderas, pesqueras, de construcción, mineras, y el ejercicio de profesiones liberales, artísticas y deportivas.

4.2. Impuesto de actividades económicas

El impuesto de actividades económicas es un tributo directo de carácter real, cuyo hecho imponible está constituido por el mero ejercicio, en territorio de aplicación del impuesto (la totalidad de España excepto Islas Canarias, Ceuta y Melilla), de actividades empresariales, profesionales o artísticas. Sería el caso de abrir una tienda o una asesoría.

Vocabulario

Hecho imponible: es un elemento que fija la ley para configurar cada tributo y que marca el inicio de la obligación de tributar. No debe confundirse con el tributo propiamente. Por tanto, el hecho imponible precede al impuesto.

4.2.1. Actividad económica gravada

Se considera que una actividad se ejerce con carácter empresarial, profesional o artístico cuando suponga la ordenación por cuenta propia de medios de producción y de recursos humanos o de uno de ambos, con la finalidad de intervenir en la producción o distribución de bienes o servicios.

Recuerda

Gravar es imponer un impuesto, tasa u otra carga sobre un bien o una actividad. Lo realizan tanto entidades públicas, como son los organismos del Estado, como privadas (por ejemplo, un banco).

4.2.2. Prueba del ejercicio de actividad económica gravada

El ejercicio de las actividades gravadas se probará por cualquier medio admisible en derecho y, en particular, existirá la presunción legal del ejercicio habitual del comercio, desde que la persona que se proponga ejercerlo anunciare por circulares, periódicos, carteles, rótulos expuestos al público, o de otro modo cualquiera, un establecimiento que tenga por objeto alguna operación mercantil.

Por ejemplo, si un local se anuncia mediante letreros al público, se entenderá que se ejerce habitualmente la actividad comercial.

4.2.3. Supuestos de no sujeción

No constituye hecho imponible en este impuesto el ejercicio de las siguientes actividades:

- La enajenación de bienes integrados en el activo fijo de las empresas que hubieran figurado debidamente inventariados como tal inmovilizado con más de dos años de antelación a la fecha de transmitirse. Es el caso de la venta de una máquina que la empresa usó para fabricar sus productos durante cuatro años y que la vende al haberle quedado obsoleta.
- La venta de los productos que se reciben en pago de trabajos personales o servicios profesionales.
- La exposición de artículos con el fin exclusivo de decoración o adorno del establecimiento. Por el contrario, estará sujeta al impuesto la exposición de artículos para regalo a los clientes.
- Cuando se trate de venta al por menor la realización de un solo acto u operación aislada.

Sabías que

La venta al por menor y puntual de un objeto, como por ejemplo se hace a través de plataformas de internet, no requiere estar dado de alta en el impuesto de actividades económicas.

Recuerda

Enajenar es vender o ceder la propiedad de algo u otros derechos.

4.2.4. Gestión tributaria del impuesto

El impuesto se gestiona a partir de la matrícula de este. La matrícula es una especie de censo que se formará anualmente para cada término municipal y que incluye las actividades económicas, los sujetos pasivos, las cuotas mínimas y, en su caso, el recargo provincial.

Los sujetos pasivos estarán obligados a presentar las correspondientes declaraciones censales de alta manifestando todos los elementos necesarios para quedar incluidos en la matrícula y dentro del plazo que reglamentariamente se establezca. A continuación, se practicará por la Administración competente la liquidación correspondiente, la cual se notificará al sujeto pasivo (el contribuyente), quien deberá efectuar el ingreso que proceda.

Actividad propuesta 4.1. Trámites sobre actividades económicas

Localiza en internet las páginas web de al menos dos ayuntamientos en las que aparezcan los trámites correspondientes al impuesto de actividades económicas a realizar.

Asimismo, los sujetos pasivos estarán obligados a comunicar las variaciones de orden físico, económico o jurídico que se produzcan en el ejercicio de las actividades gravadas y que tengan trascendencia a efectos de este impuesto, y las formalizarán en los plazos y términos reglamentariamente determinados; por ejemplo, la ampliación de la superficie del local de un negocio o el aumento de los metros cúbicos del horno de pan en el caso de una panadería.

Zaragoza AYUNTAMIENTO	IMPUESTO SOBRE ACTIVIDADES ECONOMICAS	Nº REF:

1 TIPO DE DECLARACIÓN:

ALTA - AUTOLIQUIDACIÓN:
- Inicio actividad .... ☐
- Dejar de disfrutar de exención ☐

BAJA
- Cese de actividad .... ☐
- Disfrutar de exención........... ☐

VARIACIÓN:
- Elementos tributarios............. ☐
- Grupo 833,965................ ☐

DECL.COMPLEMENTARIA ☐

DATOS DEL CONTRIBUYENTE

2 N.I.F./C.I.F.:	3 APELLIDOS Y NOMBRE O RAZON SOCIAL:						
4 DOMICILIO FISCAL: Vía pública:		Núm.	Km.	Esc.	Piso	Pta.	Teléfono
5 MUNICIPIO:	6 PROVINCIA:	7.CODIGO POSTAL:					

DATOS DE LA ACTIVIDAD

8 TIPO DE ACTIVIDAD	☐ Empresarial:	☐ Profesional:	☐ Artística:	☐ Local afecto indirectamente:			
9 DESCRIPCION DE LA ACTIVIDAD		10 GRUPO O EPIGRAFE:					
11 DOMICILIO DEL LOCAL		Núm.	Km.	Esc.	Piso	Pta.	Teléfono:
12 FECHA DE INICIO, VARIACIÓN O CESE	13 AÑO INICIO ACTIVIDAD POR 1ª VEZ	14 CAUSA DE LA VARIACION O BAJA					

15 IMPORTE NETO DE LA CIFRA DE NEGOCIOS

Si el Sujeto Pasivo no pertenece a un grupo empresarial:	INCN:	Ejercicio:
Si el Sujeto Pasivo pertenece a un grupo empresarial:	INCN:	Ejercicio:
NOMBRE/RAZON SOCIAL de la sociedad dominante:		C.I.F Soc. dominante:
16 INFORMACION ADICIONAL:		

NOTAS, REGLAS Y BENEFICIOS FISCALES

17 NOTAS QUE SON DE APLICACIÓN: Agrupación	Grupo	Epígrafe	19 ACTIVIDAD PRINCIPAL:
18 REGLAS QUE SON DE APLICACION:	☐ Regla 4ª 2 F)	☐ Regla 7	
20 EXENCIONES:	☐ Art. 82.1.b) TRLHL	☐ Art. 82.1. e) TRLHL	☐ Art. 82.1.f) TRLHL
21 BONIFICACIONES:	☐ Art. 88.1.a) TRLHL	☐ Art. 88.2.a) TRLHL	

CUOTA CONSIGNADA DIRECTAMENTE EN TARIFAS 22

ELEMENTOS TRIBUTARIOS DEL GRUPO O EPIGRAFE

	a) NUMERO	b) IMPORTE UNITARIO	CUOTA (axb)
1.			0,00
2.			0,00
3.			0,00
4.			0,00
5.			0,00
		SUMA	23 0,00

MAQUINAS RECREATIVAS Y EXPOSITORES PARA AUTOVENTA

	NUMERO	IMPORTE	CUOTA
Máquinas recreativas Tipo A (Sólo para las Agrupaciones 67 y 68)			0,00
Máquinas recreativas Tipo B (Sólo para las Agrupaciones 67 y 68)			0,00
Expositores para autoventa			0,00
SUMA	0,00	0,00	24 0,00

LOCAL

superficie (m2)

	TOTAL	X	RECTIFICADA	X	COMPUTABLE
1. Sin reducción		1,00		0,95	
2. Descubierta, gradas, graderíos descubiertos		0,20		0,95	
3. Instal. descubiertas deport.		0,05		0,95	
4. Temporada		0,40		0,95	
5. Instal. cubiertas deport., cine, teatro y análog.		0,10		0,95	
6. Gradas y graderíos cubiertos/ Enseñanza		0,50		0,95	
7. Almacenes y aparcamientos cubiertos		0,55		0,95	
8. Hospedaje		1,00		0,60	
SUMA					25

CUOTA ELEMENTO SUPERFICIE 26

EJEMPLAR PARA EL AYUNTAMIENTO

Figura 4.2. Cálculo de la cuota en el IAE. *(Fuente: www.zaragoza.es.)*

4.3. Declaración censal. Alta en el censo de actividades económicas

Las personas o entidades que desarrollen o vayan a desarrollar en territorio español actividades empresariales o profesionales o satisfagan rendimientos sujetos a retención deberán comunicar a la Administración tributaria a través de las correspondientes declaraciones censales su alta en el Censo de Empresarios, Profesionales y Retenedores, las modificaciones que se produzcan en su situación tributaria y la baja en dicho censo.

El Censo de Empresarios, Profesionales y Retenedores formará parte del Censo de Obligados Tributarios.

Sabías que

La Agencia Estatal de Administración Tributaria dispone de un régimen jurídico propio diferente del resto de la Administración General del Estado, lo que le otorga un cierto grado de autonomía en los ámbitos de presupuesto y de gestión de recursos humanos. Le corresponde la aplicación efectiva del sistema tributario estatal y aduanero, además de los recursos de otras administraciones públicas tanto de ámbito nacional como de la Unión Europea cuya gestión le sea encomendada mediante ley o convenio.

4.3.1. Contenido de la declaración censal

La declaración censal de alta en el Censo de Empresarios, Profesionales y Retenedores contendrá, al menos, la siguiente información:

- El nombre y los apellidos o razón social del declarante.
- El número de identificación fiscal.
- El domicilio fiscal, y su domicilio social cuando sea distinto de aquel.
- La relación de establecimientos y locales en los que vaya a desarrollar actividades económicas, con identificación de la comunidad autónoma, provincia, municipio y dirección completa de cada uno de ellos.
- La clasificación de las actividades económicas que vaya a desarrollar según la codificación de actividades establecida a efectos del impuesto sobre actividades económicas.
- El ámbito territorial en el que vaya a desarrollar sus actividades económicas, distinguiendo si se trata de ámbito nacional, de la Unión Europea o internacional.
- La condición de persona o entidad residente o no residente.
- El régimen de tributación en el impuesto de sociedades, en el impuesto sobre la renta de las personas físicas (IRPF) o en el impuesto sobre la renta de no residentes, según corresponda.
- El régimen de tributación en el impuesto sobre el valor añadido (IVA).
- El régimen de tributación en los impuestos que se determinen reglamentariamente.
- En el caso de que se trate de entidades en constitución, la declaración de alta contendrá, al menos, los datos identificativos y el domicilio completo de las personas o entidades que promuevan su constitución.

4.3.2. Alta en el censo de actividades económicas

Con carácter general, la declaración censal de alta deberá presentarse con anterioridad al inicio de las correspondientes actividades, para lo que se emplean los denominados modelos 036 y 037.

Se entiende que se ha iniciado una actividad empresarial o profesional desde el momento que se realicen cualesquiera entregas, prestaciones o adquisiciones de bienes o servicios, se efectúen cobros o pagos o se contrate personal laboral, con la finalidad de intervenir en la producción o distribución de bienes o servicios.

Figura 4.3. Ejecución de diversas actividades empresariales.

Recuerda

La formación de la matrícula del impuesto, la calificación de las actividades económicas, el señalamiento de las cuotas correspondientes y, en general, la gestión censal del tributo se llevará a cabo por la Administración tributaria del Estado.

Sin perjuicio de ello, la notificación de estos actos puede ser practicada por los ayuntamientos o por la Administración del Estado, juntamente con la notificación de las liquidaciones conducentes a la determinación de las deudas tributarias.

MINISTERIO DE ECONOMÍA Y HACIENDA

Agencia Tributaria

Teléfono: 901 33 55 33
www.agenciatributaria.es

Declaración Censal

de alta, modificación y baja en el Censo de Empresarios, Profesionales y Retenedores

Pág. 1

Modelo 036

Datos identificativos

Espacio reservado para la etiqueta identificativa

036759922403 6

101 NIF

102 Apellidos y nombre o razón o denominación social

1. CAUSAS DE PRESENTACIÓN

A) Alta

110 ☐ Solicitud de Número de Identificación Fiscal (NIF).
111 ☐ Alta en el Censo de Empresarios, Profesionales y Retenedores.

B) Modificación

120 ☐ Solicitud de NIF definitivo, disponiendo de NIF provisional.
121 ☐ Solicitud de nueva tarjeta acreditativa del NIF.
122 ☐ Modificación domicilio fiscal (páginas 2A, 2B y 2C).
123 ☐ Modificación domicilio social o de gestión administrativa (páginas 2A y 2B).
124 ☐ Modificación domicilio a efectos de notificaciones (páginas 2A, 2B y 2C).
125 ☐ Modificación otros datos identificativos (páginas 2A, 2B y 2C).
126 ☐ Modificación datos representantes (página 3).
127 ☐ Modificación datos relativos a actividades económicas y locales (página 4).
128 ☐ Modificación de la condición de Gran Empresa o Admón. Pública de presupuesto superior a 6.000.000 de euros (página 5).
129 ☐ Solicitud de inscripción/baja en el registro de devolución mensual (página 5).
130 ☐ Solicitud de alta/baja en el registro de operadores intracomunitarios (página 5).
131 ☐ Modificación datos relativos al Impuesto sobre el Valor Añadido (página 5).
132 ☐ Modificación datos relativos al Impuesto sobre la Renta de las Personas Físicas (página 6).
133 ☐ Modificación datos relativos al Impuesto sobre Sociedades (página 6).
134 ☐ Modificación datos relativos al Impuesto sobre la Renta de no Residentes correspondiente a establecimientos permanentes o a entidades en atribución de rentas constituidas en el extranjero con presencia en territorio español (página 6).
135 ☐ Opción/renuncia por el Régimen fiscal especial del Título II de la Ley 49/2002 (página 6).
136 ☐ Modificación datos relativos a retenciones e ingresos a cuenta (página 7).
137 ☐ Modificación datos relativos a otros Impuestos (página 7).
138 ☐ Modificación datos relativos a regímenes especiales del comercio intracomunitario (página 7).
139 ☐ Modificación datos relativos a la relación de socios, miembros o partícipes (página 8).
140 ☐ Dejar de ejercer todas las actividades empresariales y/o profesionales (personas jurídicas y entidades, sin disolución. Entidades inactivas).

141 Fecha efectiva del cese

C) Baja

150 ☐ Baja en el Censo de Empresarios, Profesionales y Retenedores

151 Causa

152 Fecha efectiva de la baja

Lugar, fecha y firma

Lugar

Fecha

Firma en calidad de

Firma

Firmado: D./D.ª ______________________

Figura 4.4. Modelo 036. *(Fuente: www.aeat.es.)*

MINISTERIO DE HACIENDA Y FUNCIÓN PÚBLICA

Agencia Tributaria
Teléfono: 901 33 55 33
www.agenciatributaria.es

ANEXO III

DECLARACIÓN CENSAL SIMPLIFICADA
de alta, modificación y baja en el Censo de Empresarios, Profesionales y Retenedores

Pág. 1
Modelo **037**

Datos identificativos

Espacio reservado para la etiqueta identificativa.

101 NIF
102 Apellidos
103 Nombre

Espacio reservado para numeración por código de barras

1. CAUSAS DE PRESENTACIÓN

A) Alta

111 ☐ Alta en el censo de empresarios, profesionales y retenedores

B) Modificación

123 ☐ Modificación de datos de teléfonos y direcciones electrónicas. (página 1)
122 ☐ Modificación domicilio fiscal. (página 1)
124 ☐ Modificación y baja domicilio a efectos de notificaciones. (página 1)
125 ☐ Modificación otros datos identificativos. (página 1)
127 ☐ Modificación datos relativos a actividades económicas y locales. (página 3)
131 ☐ Modificación datos relativos al Impuesto sobre el Valor Añadido. (página 2)
132 ☐ Modificación datos relativos al Impuesto sobre la Renta de las Personas Físicas. (página 2)
136 ☐ Modificación datos relativos a retenciones e ingresos a cuenta. (página 3)

C) Baja

150 ☐ Baja en el censo de empresarios, profesionales y retenedores.
151 Causa
152 Fecha efectiva de la baja __/__/____

2. IDENTIFICACIÓN

Identificación

A4 NIF | A5 Apellido 1 | A6 Apellido 2 | A7 Nombre | A8 Nombre comercial

A9 Condición de "Emprendedor de responsabilidad limitada" Alta ☐ Baja ☐

A10 Fecha de inscripción o cancelación como emprendedor de responsabilidad limitada en el Registro Mercantil __/__/____

Datos de teléfonos y direcciones electrónicas

A26 Tlfo. Fijo nacional | A27 Tlfo. Móvil nacional | A28 Tlfo. Fijo extranjero | A29 Tlfo. Móvil extranjero

A31 Correo electrónico | A32 Dominio o dirección de Internet

Domicilio fiscal en España

A11Tipo de vía | A12Nombre de la vía pública | A13Tipo Num. | A14Núm. casa | A15Calif. nu | A16Bloque | A17Portal | A18Escal. | A19Planta | A20Puerta

A21 Complemento domicilio (ej: Urbanización.., Polígono Industrial.., C. Comercial..,) | A22 Localidad / Población (si es distinta de Municipio)

A23 C. Postal | A24 Nombre del Municipio | A25 Provincia | A30 Referencia catastral

Domicilio a efectos de notificaciones (si es distinto del fiscal, cumplimente el apartado 1 ó el 2 según estime oportuno)

A40 Baja ☐

1) A41Tipo de vía | A42 Nombre de la vía pública | A43Tipo Num. | A44Núm. casa | A45Calif. nu | A46Bloque | A47Portal | A48Escal. | A49Planta | A50Puerta

A51 Complemento domicilio (ej: Urbanización.., Polígono Industrial.., C. Comercial..,) | A52 Localidad / Población (si es distinta de Municipio)

A53 C. Postal | A54 Nombre del Municipio | A55 Provincia

A59 Destinatario (si es distinto del declarante) | A60 En calidad de: (representante, apoderado, familiar, etc...)

2) A61 APARTADO DE CORREOS NÚMERO: | A62 Población / Ciudad | A63 C. Postal

A64 Provincia | A68 Destinatario (si es distinto del declarante) | A69 En calidad de: (representante, apoderado, familiar, etc...)

Ejemplar para el interesado

Figura 4.5. Modelo 037. *(Fuente: www.aeat.es.)*

4.4. Impuesto sobre el valor añadido (IVA)

Como introducción debe indicarse previamente la diferencia existente entre impuestos directos e indirectos. Los **impuestos directos** recaen sobre los ingresos, el patrimonio o cualquier otro tipo de riqueza con la que cuenta el contribuyente. Los principales impuestos directos son los siguientes:

- Impuesto sobre la renta de las personas físicas (IRPF).
- Impuesto sobre sociedades.
- Impuesto de actividades económicas (IAE).
- Impuesto sobre vehículos de tracción mecánica (IVTM).
- Impuesto sobre bienes inmuebles (IBI).
- Impuesto sobre sucesiones y donaciones.

Por otra parte, los **impuestos indirectos** recaen indirectamente sobre la riqueza de la que dispone el contribuyente. Estos impuestos gravan tanto el consumo de bienes y servicios como las transmisiones de bienes y derechos. Estos son los impuestos indirectos más relevantes:

- Impuesto sobre el valor añadido (IVA).
- Impuesto sobre transmisiones patrimoniales y actos jurídicos documentados (ITPAJD).
- Impuesto especial sobre hidrocarburos.
- Impuesto especial sobre electricidad.
- Impuesto especial sobre alcohol y bebidas derivadas.
- Impuesto especial sobre las labores del tabaco.
- Impuesto especial sobre determinados medios de transporte.

Actividad resuelta 4.1. Impuestos especiales

Indica las características fundamentales del impuesto especial sobre determinados medios de transporte.

Solución:

El impuesto especial sobre determinados medios de transporte (IEDMT) es un tributo estatal, de naturaleza indirecta, que grava, en fase única, la matriculación de determinados medios de transporte. Se aplica en todo el territorio español sin perjuicio de las particularidades establecidas para este impuesto en País Vasco y Navarra.

El hecho imponible lo constituye:

- La primera matriculación definitiva en España de vehículos automóviles, ya sean nuevos o usados, accionados a motor, para circular por vías y terrenos públicos. Se exceptúan los vehículos destinados a transporte de mercancías, los destinados al transporte colectivo de viajeros (cuando excedan de nueve plazas), los de exclusiva aplicación industrial, comercial, agraria, clínica o científica, los de dos o tres ruedas cuya cilindrada sea igual o inferior a 250 centímetros cúbicos, los coches de minusválidos, las ambulancias y los destinados a ser utilizados por las Fuerzas Armadas y por los cuerpos y fuerzas de seguridad del Estado en funciones de defensa, vigilancia y seguridad.
- La primera matriculación definitiva de embarcaciones y buques de recreo o de deportes náuticos, nuevos o usados, de más de ocho metros de eslora máxima.
- La primera matriculación definitiva de aeronaves y avionetas, nuevas o usadas. No están sujetas las que solo puedan destinarse a trabajos agrícolas o forestales o al traslado de enfermos o heridos.
- La circulación o utilización en España de vehículos automóviles, embarcaciones, buques y aeronaves, cuando habiendo sido adquiridas por residentes en España, no se hubiese solicitado su matriculación definitiva dentro del plazo de los 30 días siguientes al inicio de su utilización en España.

El impuesto sobre el valor añadido es un tributo de naturaleza indirecta que recae sobre el consumo y grava las siguientes operaciones:

- Las entregas de bienes y prestaciones de servicios efectuadas por empresarios o profesionales.
- Las adquisiciones intracomunitarias de bienes.
- Las importaciones de bienes.

4.4.1. Características generales del IVA

El ámbito espacial de aplicación del impuesto es el territorio español incluyendo en él las islas adyacentes, el mar territorial hasta el límite de 12 millas náuticas y el espacio aéreo correspondiente a dicho ámbito.

Hecho imponible

Debe distinguirse entre los diversos ámbitos de aplicación del impuesto.

1. **Entregas de bienes y prestación de servicios.** Estarán sujetas al impuesto las entregas de bienes y prestaciones de servicios realizadas en el territorio nacional por empresarios o profesionales a título oneroso, es decir, cuando las dos partes del contrato tienen obligaciones y derechos económicos entre sí, con carácter habitual u ocasional, en el desarrollo de su actividad empresarial o profesional.

Sabías que

Hasta la entrada en vigor del IVA, el principal impuesto indirecto que existía en España era el impuesto general sobre el tráfico de las empresas, que estuvo vigente desde el año 1964 hasta el año 1985.

Figura 4.6. El IVA (VAT por sus siglas en inglés) se aplica en toda la Unión Europea, si bien cada país aplica tipos impositivos diferentes.

Las operaciones sujetas a este impuesto no estarán sometidas al concepto de «transmisiones patrimoniales onerosas» del impuesto sobre transmisiones patrimoniales y actos jurídicos documentados. Así, si la venta de un vehículo está sujeta al IVA, no lo estará al ITPAJD y viceversa.

2. **Adquisiciones intracomunitarias de bienes.** Estarán sujetas las siguientes operaciones realizadas en el ámbito espacial de aplicación del impuesto:
   - Las adquisiciones intracomunitarias (dentro del ámbito territorial de la Unión Europea) de bienes efectuadas a título oneroso por empresarios, profesionales o personas jurídicas que no actúen como tales cuando el vendedor sea un empresario o profesional. Por ejemplo, si un taller de automóviles español adquiere una máquina a una fábrica situada en Alemania.

- Las adquisiciones intracomunitarias de medios de transporte nuevos realizadas por cualquier persona que no tenga la condición de empresario o profesional, cualquiera que sea la condición de quien lo vende.

3. **Importaciones de bienes.** Estarán sujetas al impuesto las importaciones de bienes (es decir, adquisiciones a un país no miembro de la Unión Europea), cualquiera que sea el fin a que se destinen y la condición del importador.

Actividad resuelta 4.2. Adquisición de productos

Diriges una empresa que adquiere en países del extranjero una serie de artículos. Señala en cada caso si la adquisición se considera adquisición intracomunitaria o importación en función del país en que se adquiera el producto.

- Francia.
- Egipto.
- Japón.
- Rusia.
- Grecia.
- Eslovaquia.
- China.
- Letonia.

Solución:

- Francia: adquisición intracomunitaria.
- Grecia: adquisición intracomunitaria.
- Egipto: importación.
- Eslovaquia: adquisición intracomunitaria.
- Japón: importación.
- China: importación.
- Rusia: importación.
- Letonia: adquisición intracomunitaria.

Repercusión del impuesto

Los sujetos pasivos o contribuyentes deberán repercutir íntegramente el importe del impuesto sobre aquel para quien se realice la operación gravada, quedando este obligado a soportarlo cualesquiera que fueran las estipulaciones existentes entre ellos. Por ejemplo, el vendedor de un producto ha de repercutir el IVA en el comprador del mismo.

La repercusión del impuesto deberá efectuarse mediante factura en las condiciones y con los requisitos que se determinen reglamentariamente.

Actividad propuesta 4.2. Repercusión del IVA

Señala las características que ha de tener una factura para que resulte válida a efectos de la repercusión del IVA. Para desarrollar tu respuesta puedes encontrar este contenido en la página web de la Agencia Tributaria.

A estos efectos, la cuota repercutida se consignará separadamente de la base imponible indicando el tipo impositivo aplicado. Puede verse cómo en las facturas el importe correspondiente al IVA aparece indicado separadamente del importe del producto o servicio adquirido.

Figura 4.7. La repercusión del impuesto deberá efectuarse al tiempo de expedir y entregar la factura correspondiente.

Sabías que

La **reclamación económico-administrativa** es un procedimiento administrativo que tiene como finalidad revisar la legalidad de determinados actos, como los de aplicación de tributos y las sanciones tributarias. Tiene un carácter obligatorio y previo al recurso contencioso-administrativo. En otras palabras, si se desea interponer un recurso contencioso-administrativo, deberá interponerse antes una reclamación económico-administrativa. La misma es resuelta por un órgano diferente e independiente del que dictó el acto que ha sido recurrido.

4.4.2. Supuestos de sujeción y exención

En primer lugar, debe diferenciarse entre ambos conceptos jurídicos, de acuerdo con la Ley General Tributaria; son supuestos de exención aquellos en que, a pesar de realizarse el hecho imponible, la ley exime del cumplimiento de la obligación tributaria principal. Por ejemplo, una atención médica es una prestación de servicios sujeta a IVA, pero que se encuentra exenta de aplicar el mismo.

En los casos de exención, excepto que la normativa aplicable señale lo contrario, no nacen las obligaciones formales tributarias que se derivan del hecho imponible. Sin embargo, en los supuestos de no sujeción, no tiene lugar el hecho imponible. Se trata de casos cuya realización o producción no conlleva la aparición de la obligación tributaria, debido a que, aunque puedan resultar similares a los que constituyen el hecho imponible, técnicamente son diferentes y no se encuentran dentro de su ámbito. Además, en estos casos, no nacen las obligaciones formales del tributo.

Un ejemplo de no sujeción es la entrega gratuita de muestras de mercancías sin valor comercial estimable, con fines de promoción de las actividades empresariales o profesionales.

4.4.3. Tipos de IVA

En la actualidad existen tres tipos de IVA:

1. **Tipo general:** 21 %.
2. **Tipo reducido:** 10 %, aplicable, por ejemplo, a:
   - Sustancias o productos utilizados habitual e idóneamente para la nutrición humana o animal.
   - Viviendas, garajes (máximo de dos unidades) y anexos que se transmitan juntamente con la vivienda.
   - Transportes de viajeros y sus equipajes.
   - Servicios de hostelería, acampamento y balneario, los de restaurantes y el suministro de comidas y bebidas para consumir en el acto, incluso si se confeccionan previo encargo del destinatario.
3. **Tipo superreducido:** 4 %, aplicable, por ejemplo, a:
   - El pan común; harinas panificables; leche natural, certificada, pasterizada, concentrada, desnatada, esterilizada, UHT, evaporada y en polvo; quesos, huevos, frutas, verduras, hortalizas, legumbres, tubérculos y cereales, que tengan la condición de productos naturales según el Código Alimentario.

- Los libros, periódicos y revistas que no contengan única o fundamentalmente publicidad, y elementos complementarios que se entreguen conjuntamente.

Actividad propuesta 4.3. Tipos de IVA

Busca en la página web de la Agencia Tributaria el listado completo de los tipos de IVA aplicables a los distintos productos y servicios.

Sabías que

Los tipos de IVA no siempre han sido los actualmente vigentes. Aquí tienes una muestra de su evolución:

Evolución de los tipos del IVA en España				
Entrada en vigor	Superreducido	Reducido	General	Incrementado
01/01/1986	-	6 %	12 %	33 %
01/01/1992	-	6 %	13 %	28 %
01/08/1992	-	6 %	15 %	28 %
01/01/1993	3 %	6 %	15 %	-
01/01/1995	4 %	7 %	16 %	-
01/07/2010	4 %	8 %	18 %	-
01/09/2012	4 %	10 %	21 %	-

4.4.4. Regímenes: general y especiales

Además del régimen general a que se ha hecho referencia, existe una serie de regímenes especiales aplicables a diversos sectores económicos. Son los siguientes:

1. Régimen simplificado.
2. Régimen especial de la agricultura, ganadería y pesca.
3. Régimen especial de los bienes usados, objetos de arte, antigüedades y objetos de colección.
4. Régimen especial aplicable a las operaciones con oro de inversión.
5. Régimen especial de las agencias de viajes.
6. Régimen especial del recargo de equivalencia.
7. Regímenes especiales aplicables a los servicios de telecomunicaciones, de radiodifusión o de televisión y a los prestados por vía electrónica.
8. Régimen especial del grupo de entidades.
9. Régimen especial del criterio de caja.

4.4.5. Deducciones

Los sujetos pasivos podrán deducir de las cuotas del impuesto sobre el valor añadido devengadas por las operaciones gravadas que realicen en el interior del país las que, devengadas en el mismo territorio, hayan soportado por repercusión directa o correspondan a las siguientes operaciones:

- Las entregas de bienes y prestaciones de servicios efectuadas por otro sujeto pasivo del impuesto.
- Las importaciones de bienes.
- Las entregas de bienes y prestaciones de servicios indicadas en la ley del IVA.
- Las adquisiciones intracomunitarias de bienes así señaladas en la ley del IVA.

El derecho a la deducción comentado anteriormente solo procederá en la medida en que los bienes y servicios adquiridos se utilicen en la realización de las operaciones comprendidas en la ley del IVA; es decir, si, por ejemplo, un comerciante adquiere una televisión para su domicilio personal no podrá deducirse el IVA que abonó en la compra de esta.

4.5. Naturaleza y ámbito de aplicación del IRPF

El impuesto sobre la renta de las personas físicas es un tributo de carácter personal y directo que grava la renta de las personas físicas, según los principios de igualdad, generalidad y progresividad de acuerdo con su naturaleza y sus circunstancias personales y familiares; por ejemplo, se tendrá en cuenta el número de hijos del contribuyente o si es o no una persona discapacitada.

El objeto de este impuesto es entendido como la totalidad de sus rendimientos, ganancias y pérdidas patrimoniales y las imputaciones de renta establecidas por la ley, con independencia del lugar donde se hubiesen producido y cualquiera que sea la residencia del pagador.

El impuesto sobre la renta de las personas físicas se aplicará en todo el territorio español, sin perjuicio de los regímenes tributarios forales propios de los territorios históricos del País Vasco y la Comunidad Foral de Navarra.

En Canarias, Ceuta y Melilla se tendrán en cuenta las especialidades previstas en la normativa de aplicación.

4.5.1. Hecho imponible

Constituye el hecho imponible la obtención de renta por el contribuyente y esta renta la componen:

- Los rendimientos del trabajo.
- Los rendimientos del capital.
- Los rendimientos de las actividades económicas.
- Las ganancias y pérdidas patrimoniales.
- Las imputaciones de renta que se establezcan por ley.

A efectos de la determinación de la base imponible y del cálculo del impuesto, la renta se clasificará en general y del ahorro.

No estará sujeta a este impuesto la renta que se encuentre sujeta al impuesto sobre sucesiones y donaciones.

Se entenderán por retribuidas las prestaciones de bienes, derechos o servicios susceptibles de generar rendimientos del trabajo o del capital, salvo prueba en contrario.

Actividad resuelta 4.3. Rentas e IRPF

Señala si las siguientes rentas están o no sujetas al IRPF:

- Salario de un trabajador.
- Herencia recibida de un familiar.
- La propiedad de un automóvil de lujo.
- Los intereses de una cuenta bancaria.
- La ganancia derivada de la venta de acciones.

Solución:

- Salario de un trabajador: sí.
- Herencia recibida de un familiar: no.
- La propiedad de un automóvil de lujo: no.
- Los intereses de una cuenta bancaria: sí.
- La ganancia derivada de la venta de acciones: sí.

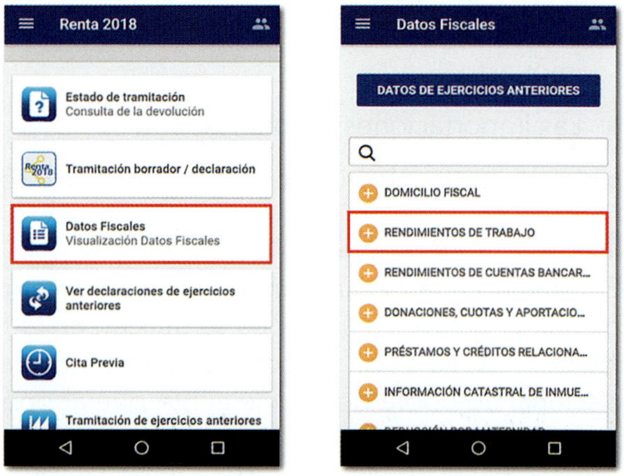

Figura 4.8. Las nuevas tecnologías permiten al ciudadano cumplir de forma más sencilla con sus obligaciones tributarias. *(Fuente: www.aeat.es.)*

4.5.2. Contribuyentes

Son contribuyentes por este impuesto:

- Las personas físicas que tengan su residencia habitual en territorio español.
- Las personas físicas que tuviesen su residencia habitual en el extranjero por alguna de las circunstancias previstas en el artículo 10 de la ley del IRPF, por ejemplo, los miembros de misiones diplomáticas o consulares españolas.

4.5.3. Aspectos temporales

El periodo impositivo será el año natural. El impuesto se devengará el 31 de diciembre de cada año, sin perjuicio de que el periodo impositivo será inferior al año natural cuando se produzca el fallecimiento del contribuyente en un día distinto al 31 de diciembre. En tal supuesto el periodo impositivo terminará y se devengará el impuesto en la fecha del fallecimiento.

Sabías que

Devengar es la adquisición del derecho a percibir una retribución por razón de un trabajo o servicio; por tanto, el **devengo** es el momento en el que se entiende realizado el hecho imponible, es decir, la obligación de pagar un impuesto.

La fecha del devengo es la fecha establecida cuando se realiza un pago preestablecido. La ley propia de cada tributo podrá establecer la exigibilidad de la cuota o cantidad a ingresar, o de parte de esta, en un momento distinto al del devengo del tributo.

Los ingresos y gastos que determinan la renta a incluir en la base del impuesto se imputarán al periodo impositivo que corresponda, de acuerdo con los siguientes criterios:

- Los rendimientos del trabajo y del capital se imputarán al periodo impositivo en que sean exigibles por su perceptor.
- Los rendimientos de actividades económicas se imputarán conforme a lo dispuesto en la normativa reguladora del impuesto sobre sociedades, sin perjuicio de las especialidades que reglamentariamente puedan establecerse.
- Las ganancias y pérdidas patrimoniales se imputarán al periodo impositivo en que tenga lugar la alteración patrimonial.

4.5.4. Gestión del impuesto

Los contribuyentes estarán obligados a presentar y suscribir declaración por este impuesto. Los contribuyentes, al tiempo de presentar su declaración, deberán determinar la deuda tributaria correspondiente e ingresarla en el lugar, forma y plazos determinados por el Ministerio de Hacienda.

La Administración tributaria podrá poner a disposición de los contribuyentes, a efectos meramente informativos, un borrador de la declaración.

Figura 4.9. La Agencia Tributaria ofrece información útil para empresarios y profesionales. *(Fuente: www.aeat.es.)*

4.5.5. Obligaciones formales, contables y registrales

Los contribuyentes del impuesto sobre la renta de las personas físicas estarán obligados a conservar, durante el plazo máximo de prescripción (cuatro años), los justificantes y documentos acreditativos de las operaciones, rentas, gastos, ingresos, reducciones y deducciones de cualquier tipo que deban constar en sus declaraciones, a aportarlos juntamente con las declaraciones del impuesto, cuando así se establezca, y a presentarlos ante los órganos competentes de la Administración tributaria cuando sean requeridos.

Figura 4.10. Los empresarios y profesionales han de cumplir con una serie de obligaciones formales.

Las empresas también deben conservar sus facturas durante un periodo mínimo de cuatro años para justificar

4.6. Formas de estimación de la renta: normal, simplificada y objetiva

La **base imponible** del impuesto estará constituida por el importe de la renta del contribuyente. La **base liquidable** será el resultado de practicar en la base imponible las reducciones por atención a situaciones de dependencia y envejecimiento y pensiones compensatorias, lo que dará lugar a las bases liquidables general y del ahorro. Es decir, para realizar el cálculo de la base liquidable es necesario **aplicar las reducciones que le correspondan a cada contribuyente.**

4.6.1. Métodos de determinación de la base imponible

La base imponible podrá determinarse por los siguientes métodos:

- Estimación directa.
- Estimación objetiva.
- Estimación indirecta.

Figura 4.11. Una asesoría fiscal de calidad puede prestar una ayuda importante en la gestión tributaria de las pymes.

Las bases imponibles se determinarán con carácter general a través del método de estimación directa (basado en datos y ganancias reales), aunque la ley podrá establecer los supuestos en que sea de aplicación el método de estimación objetiva, que tendrá, en todo caso, carácter voluntario para los obligados tributarios.

La estimación objetiva es particular para cada caso. Por ejemplo, una cafetería tributaría por el personal asalariado que tuviese, la electricidad consumida o el número de meses de que disponga, es decir, factores que se basan en supuestos y no en ganancias reales obtenidas; por tanto, se calcularía en base a un beneficio presupuesto.

La estimación indirecta tendrá carácter subsidiario siendo solamente aplicable cuando sea imposible atribuir la estimación directa y se aplicará cuando se produzca alguna de las circunstancias previstas en la ley.

1. Método de estimación directa

El método de estimación directa podrá utilizarse por el contribuyente y por la Administración tributaria de acuerdo con lo dispuesto en la normativa de cada tributo. A estos efectos, la Administración tributaria utilizará las declaraciones o documentos presentados, los datos consignados en libros y registros comprobados administrativamente y los demás documentos, justificantes y datos que tengan relación con los elementos de la obligación tributaria. El rendimiento se determina por la diferencia existente entre los ingresos y los gastos del ejercicio.

2. Método de estimación objetiva

El método de estimación objetiva podrá utilizarse para la determinación de la base imponible mediante la aplicación de las magnitudes, índices, módulos o datos previstos en la normativa propia de cada tributo. Por ejemplo, en este método se tienen presentes los metros cuadrados de superficie de un local o el volumen del horno de una panadería.

Actividad propuesta 4.4. IRPF

Busca en internet la orden de módulos para el año actual por la que se desarrollan para el método de estimación objetiva del impuesto sobre la renta de las personas físicas y el régimen especial simplificado del impuesto sobre el valor añadido.

3. Método de estimación indirecta

El método de estimación indirecta se aplicará cuando la Administración tributaria no pueda disponer de los datos necesarios para la determinación completa de la base imponible como consecuencia de alguna de las siguientes circunstancias:

- Falta de presentación de declaraciones o presentación de declaraciones incompletas o inexactas.
- Resistencia, obstrucción, excusa o negativa a la actuación inspectora.
- Incumplimiento sustancial de las obligaciones contables o registrales.
- Desaparición o destrucción, aun por causa de fuerza mayor, de los libros y registros contables o de los justificantes de las operaciones anotadas en los mismos.

4.7. Retenciones del IRPF y pagos a cuenta

En el impuesto sobre la renta de las personas físicas los pagos a cuenta que, en todo caso, tendrán la consideración de deuda tributaria, podrán consistir en:

- Retenciones.
- Ingresos a cuenta.
- Pagos fraccionados.

Por ejemplo, cuando cobras tu salario, la empresa debe realizar una retención sobre tus ingresos cuyo porcentaje dependerá de tu nivel de ingresos y de tu situación personal y familiar.

Para saber más

Los sujetos obligados a retener o a ingresar a cuenta asumirán la obligación de efectuar el ingreso en el Tesoro, sin que el incumplimiento de aquella obligación pueda excusarles de esta.

Sabías que

En la página web de la Agencia Tributaria puedes calcular el tipo de retención que le corresponde a cada trabajador en función de sus circunstancias personales y profesionales.

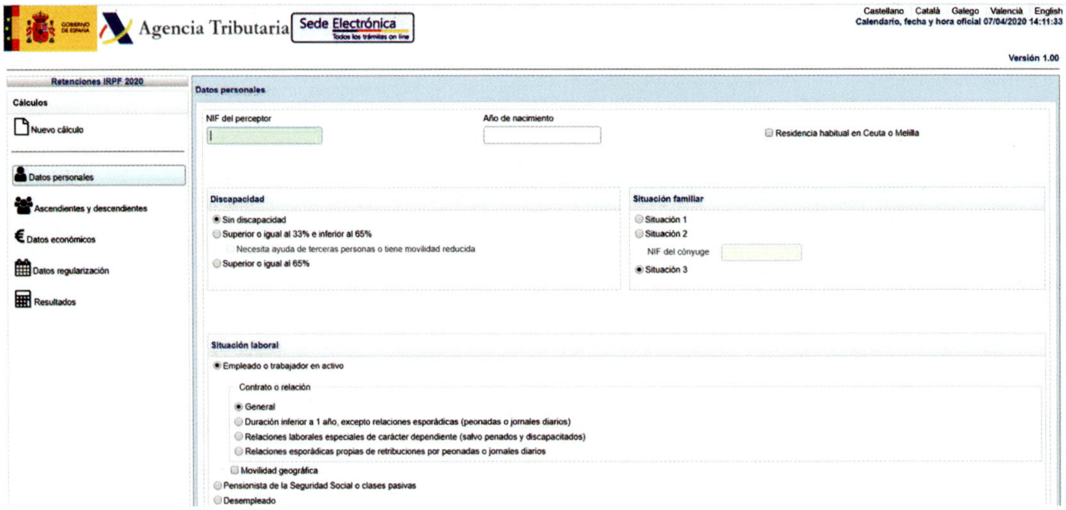

4.7.1. Rentas sujetas a retención o ingreso a cuenta

Estarán sujetas a retención o ingreso a cuenta las siguientes rentas:

1. Los rendimientos del trabajo.
2. Los rendimientos del capital mobiliario.
3. Los rendimientos de las siguientes actividades económicas:
   - Los rendimientos de actividades profesionales.
   - Los rendimientos de actividades agrícolas y ganaderas.
   - Los rendimientos de actividades forestales.

Figura 4.12. Los rendimientos derivados del arrendamiento de inmuebles urbanos están sometidos a retención.

4. Las siguientes ganancias patrimoniales:
   - Las obtenidas como consecuencia de las transmisiones o reembolsos de acciones y participaciones representativas del capital o patrimonio de las instituciones de inversión colectiva.
   - Las derivadas de los aprovechamientos forestales de los vecinos en montes públicos.

También estarán sujetas a retención o ingreso a cuenta las siguientes rentas, independientemente de su calificación:

- Los rendimientos procedentes del arrendamiento o subarrendamiento de inmuebles urbanos.
- Los rendimientos procedentes de la propiedad intelectual, industrial, de la prestación de asistencia técnica, del

arrendamiento de bienes muebles, negocios o minas, del subarrendamiento sobre los bienes anteriores y los procedentes de la cesión del derecho a la explotación del derecho de imagen.

- Los premios que se entreguen como consecuencia de la participación en juegos, concursos, rifas o combinaciones aleatorias, estén o no vinculados a la oferta, promoción o venta de determinados bienes, productos o servicios.

4.8. Modelos y plazos de declaración y liquidación. Calendario fiscal

Los principales modelos y plazos generales de presentación de autoliquidaciones con **domiciliación bancaria** de pago son los siguientes:

- Modelos **100**, **151** y **714:** hasta el 26 de junio.
- Modelo **102:** hasta el 22 de septiembre (para contribuyentes que hayan domiciliado el primer plazo).
- Modelos **111**, **115**, **117**, **123**, **124**, **126**, **128** y **216** (obligación trimestral): del 1 al 16 de abril, del 1 al 17 de julio, del 1 al 16 de octubre y del 1 al 15 de enero.
- Modelos **111**, **115**, **117**, **123**, **124**, **126**, **128**, **216**, **230** y **430** (obligación mensual): del 1 al 15 de cada mes, excepto marzo (del 1 al 16 de abril), junio (del 1 al 17 de julio) y septiembre (del 1 al 16 de octubre). El mes de julio del modelo 430, hasta el 15 de septiembre.
- Modelos **130** y **131** (obligación trimestral): del 1 al 16 de abril, del 1 al 17 de julio, del 1 al 16 de octubre y del 1 a 25 de enero.
- Modelo **136** (obligación trimestral): del 1 al 16 de abril, del 1 al 17 de julio, del 1 al 16 de octubre y del 1 al 15 de enero.
- Modelos **200**, **206**, **220** y **221:** del 1 al 20 de julio (periodos impositivos que coincidan con el año natural).
- Modelos **202-0A** y **222-0A:** del 1 al 20 de octubre.
- Modelos **202** y **222:** del 1 al 16 de abril, del 1 al 16 de octubre y del 1 al 15 de diciembre.
- Modelo **210** (excepto ganancias derivadas de transmisiones de inmuebles): del 1 al 16 de abril, del 1 al 17 dc julio, del 1 al 16 de octubre y del 1 al 15 de enero. Para rentas imputadas de inmuebles urbanos: del 1 de enero al 23 de diciembre.
- Modelo **213:** del 1 al 25 de enero.
- Modelos **303** y **353** (obligación mensual): del 1 al 25 de cada mes, excepto enero (del 1 al 23 de febrero), febrero (del 1 al 26 de marzo), mayo (del 1 al 26 de junio) y octubre (del 1 al 27 de noviembre).
- Modelo **303** (obligación trimestral): del 1 al 16 de abril, del 1 al 17 de julio, del 1 al 16 de octubre y del 1 al 25 de enero.
- Modelos **410** y **411:** del 1 al 26 de julio.
- Modelo **560:**
  - Obligación mensual: del 1 al 15 de cada mes, excepto marzo (del 1 al 16 de abril), junio (del 1 al 17 de julio) y septiembre (del 1 al 16 de octubre).

El domicilio fiscal de los contribuyentes residentes en territorio español será el de su domicilio social, siempre que en él esté efectivamente centralizada la gestión administrativa y la dirección de sus negocios. En otro caso, se atenderá al lugar en que se realice dicha gestión o dirección. Es decir, no sería válido como domicilio fiscal una mera oficina alquilada en la que se llevan a cabo actividades auxiliares.

En los supuestos en que no pueda establecerse el lugar del domicilio fiscal, de acuerdo con los criterios anteriores, prevalecerá aquel donde radique el mayor valor del inmovilizado.

4.9.2. Base imponible

La base imponible de un ejercicio estará constituida por el importe de la renta obtenida en el periodo impositivo reducida por la compensación de bases imponibles negativas de periodos impositivos anteriores.

La base imponible se determinará por el método de estimación directa, por el de estimación objetiva cuando se determine su aplicación y, subsidiariamente, por el de estimación indirecta.

4.9.3. Periodo impositivo

El periodo impositivo coincidirá con el ejercicio económico de la entidad y no puede exceder de doce meses. En todo caso concluirá el periodo impositivo:

- Cuando la entidad se extinga.
- Cuando tenga lugar un cambio de residencia de la entidad residente en territorio español al extranjero.
- Cuando se produzca la transformación de la forma jurídica de la entidad y ello determine la no sujeción a este impuesto de la entidad resultante.
- Cuando se produzca la transformación de la forma societaria de la entidad, o la modificación de su estatuto o de su régimen jurídico, y ello determine la modificación de su tipo de gravamen o la aplicación de un régimen tributario distinto.

Actividad resuelta 4.4. Periodo impositivo

Señala si, en los siguientes casos, el periodo impositivo del impuesto sobre sociedades coincide o no con el ejercicio económico de la entidad.

- Una empresa cambia su domicilio fiscal dentro de España.
- Una empresa se disuelve.
- Una sociedad amplía sus actividades comerciales.
- Una sociedad anónima procede a ampliar en un 10 % su capital social.
- Una sociedad traslada su domicilio fiscal de España a Alemania.

Solución:

- Una empresa cambia su domicilio fiscal dentro de España: sí.
- Una empresa se disuelve: no.
- Una sociedad amplía sus actividades comerciales: sí.
- Una sociedad anónima procede a ampliar en un 10 % su capital social: sí.
- Una sociedad traslada su domicilio fiscal de España a Alemania: no.

Mapa conceptual

- **Obligaciones fiscales de la empresa**
  - Actividades empresariales y profesionales
    - Tienen la consideración de actividades económicas cualesquiera actividades de carácter empresarial, profesional o artístico
  - Impuesto de actividades económicas
    - Es un tributo directo de carácter real, cuyo hecho imponible está constituido por el mero ejercicio, en territorio nacional, de actividades empresariales, profesionales o artísticas
      - Actividad económica gravada
      - Prueba del ejercicio de actividad económica gravada
      - Supuestos de no sujeción
      - Gestión tributaria del impuesto
  - Declaración censal. Alta en el censo de actividades económicas
    - El Censo de Empresarios, Profesionales y Retenedores formará parte del Censo de Obligados Tributarios
      - Las declaraciones censales servirán para comunicar el inicio de las actividades económicas, las modificaciones y el cese en las mismas
  - IVA
    - Es un tributo de naturaleza indirecta que recae sobre el consumo
      - Características generales
        - Hecho imponible
          - Adquisiciones intracomunitarias de bienes
          - Entregas de bienes de prestación de servicios
          - Importaciones de bienes
        - Repercusión del impuesto
      - Supuestos de sujeción y exención
      - Tipos de IVA
      - Regímenes
        - General y especial
      - Deducciones
  - Naturaleza y ámbito de aplicación del IRPF
    - Hecho imponible
    - Contribuyentes
    - Aspectos temporales
    - Gestión del impuesto
    - Métodos de determinación de la base imponible
      - Método de estimación directa
      - Método de estimación objetiva
      - Método de estimación indirecta
  - Retenciones del IRPF y pagos a cuenta
  - Modelos y plazos de declaración, liquidación y calendario fiscal
  - Naturaleza y elementos del impuesto de sociedades
    - Residencia y domicilio fiscal
    - Base imponible
    - Periodo impositivo

LEE Y REFLEXIONA

Lee el artículo «¿Los autónomos declaran todo lo que ganan? El sindicato Gestha, alarmado por los datos», publicado en elconfidencial.com el 30 de julio de 2019.

¿Los autónomos declaran todo lo que ganan? El sindicato Gestha, alarmado por los datos

El sindicato de los técnicos de Hacienda publicó unos datos similares hace algunos años: en 2017, más del 97 % de los autónomos aseguraba que no era mileurista. Ahora, según su último informe publicado, los cálculos del colectivo muestran grandes diferencias entre los ingresos de los autónomos, y señala que existe la sospecha de que existan «motivos ocultos» para que se den estos datos: casi la mitad de los autónomos, cerca de 1,5 millones, declara ganar menos de 12 000 euros al año, es decir, que se encontrarían dentro del colectivo de mileuristas.

Los cálculos del sindicato apuntan a que los autónomos declaran a Hacienda entre 8000 y 12 000 euros por debajo de los ingresos de los asalariados y pensionistas. Descontando a los 543 255 autónomos que declaran pérdidas, poco más de un millón de empresarios no tributarían en nuestro país con ese bajo nivel de renta, dado que la tributación en el IRPF por debajo de 12 000 euros es cero. Según Gestha, estos datos son «llamativos» y hace saltar las «alarmas» el hecho de que casi uno de cada cinco autónomos con trabajadores a cargo declare de media menos ganancias que por las que tributan sus propios empleados.

En concreto, de las estadísticas se desprende que 3 millones de empleados cobrarían más que sus propios jefes, entre los que se encuentran arquitectos, notarios, abogados o médicos en consultas privadas, entre otras profesiones por cuenta propia y de alta cualificación. «La incongruencia entre la rentabilidad declarada por el negocio y la contratación del personal se aprecia al comparar los casi 150 000 autónomos con beneficios de casi 22 000 euros y entre 3 y 5 empleados, frente a los más de 13 000 empresarios con beneficios de casi 46 000 euros y más de 20 empleados», subraya Gestha.

El dilema del Gobierno con los autónomos: ¿bajar las cuotas al régimen con más déficit?

Además, destaca que al comparar las estadísticas del IRPF correspondientes a la serie histórica, se observa que el diferencial entre las rentas declaradas por unos y otros se ha ido ensanchando ininterrumpidamente y de forma bastante significativa desde 1993, aumentando la brecha en la última década, desde 2008 a 2017, en 1343 euros respecto de lo que declara el profesional y empresario en estimación directa y 3979 euros respecto del empresario en estimación objetiva no agropecuaria, con un aumento máximo de la brecha en la Comunidad de Madrid de 5328 euros en esta década.

Por todo ello, Gestha reclama a la Agencia Tributaria que, al igual que en el caso de las empresas, generalice el envío de cartas informativas a los autónomos que estén por debajo de las ratios de la media de su sector económico en el territorio y, a continuación, inicie las investigaciones pertinentes a aquellos que evidencien mayores señales de fraude y no hayan presentado declaraciones complementarias.

Los técnicos remarcan que, en líneas generales, la brecha resulta casi 3000 euros superior en el régimen de módulos (estimación objetiva), en el que hoy en día tributan menos de 1,3 millones de autónomos. El resto, que supone más del 60 %, ya lo hace en el régimen de estimación directa, por lo que Gestha se dirigirá al futuro ministro de Hacienda para que derogue de forma paulatina el régimen de módulos durante la próxima legislatura.

En este sentido, propondrá al Ministerio de Hacienda una transición gradual en cuatro fases. En la primera, que se iniciaría en 2020, proponen que no se prorroguen los límites excluyentes anteriores a la reforma fiscal de 2014, por lo que quedarían a la mitad de los vigentes; en la segunda (en 2021) se pide que se excluya de este régimen a quien emita facturas a otros empresarios o profesionales por más del 25 % de sus ingresos (actualmente el 50 %); que a partir de 2022 se excluya a los microempresarios no agrarios; y que, finalmente, en 2023 se derogue definitivamente el régimen de la estimación objetiva por signos, índices y módulos.

Por comunidades autónomas, los datos de Gestha muestran que las mayores diferencias entre las rentas declaradas en el régimen de módulos por asalariados/pensionistas y autónomos se localizan en la Comunidad de Madrid (19 456 euros), Cataluña (14 514 euros) y Asturias (12 496 euros). Por el contrario, las regiones donde esta brecha resulta menos acentuada son Extremadura (6045 euros), Murcia (7662 euros) y Andalucía (8163 euros).

Fuente: www.elconfidencial.com/economia/2019-07-30/gestha-informe-autonomos

CUESTIONES

A continuación, contesta a las siguientes preguntas, explicando y razonando tus respuestas:

1. ¿Crees que el sistema de módulos facilita la aparición de bolsas de fraude fiscal? ¿Por qué?
2. De acuerdo con el artículo, en qué comunidades existen las mayores diferencias entre las rentas declaradas por el conjunto de trabajadores autónomos y el de trabajadores por cuenta ajena.
3. ¿Qué recomendación se hace a la Administración tributaria para intentar mejorar la recaudación?
4. ¿Qué método de determinación de la base imponible crees más eficaz para luchar contra el fraude fiscal? ¿Por qué?

Actividades finales

De comprobación

4.1. ¿Cuál de los siguientes es un impuesto directo?

a) Impuesto sobre bienes inmuebles.

b) Impuesto especial sobre hidrocarburos.

c) Impuesto sobre transmisiones patrimoniales y actos jurídicos documentados.

4.2. ¿Cuál de los siguientes se considera un impuesto indirecto?

a) Impuesto sobre vehículos de tracción mecánica.

b) Impuesto especial sobre electricidad.

c) Impuesto sobre sucesiones y donaciones.

4.3. ¿Qué métodos de determinación de la base imponible existen?

a) Directa e indirecta.

b) Directa, indirecta y por índices.

c) Directa, objetiva e indirecta.

4.4. ¿A partir de qué instrumento se gestiona el IAE?

a) Su matrícula.

b) Su tarifa.

c) Su índice.

4.5. ¿Estará sujeta al IRPF la renta que se encuentre sujeta al impuesto sobre sucesiones y donaciones?

a) Solo en un 50 % de la misma.

b) Sí.

c) No.

4.6. ¿Qué día se devenga el IRPF?

a) El 1 de enero de cada año.

b) El 1 de julio de cada año.

c) El 31 de diciembre de cada año.

4.7. ¿Mediante qué modelos se lleva a cabo el alta en el IAE?

a) 035 y 037.

b) 036 y 037.

c) 036 y 090.

4.8. Además de en retenciones e ingresos a cuenta, ¿en qué pueden consistir los pagos a cuenta en el IRPF?

a) Ingresos fraccionados.

b) Ingresos anticipados.

c) Pagos fraccionados.

4.9. El régimen simplificado del IVA se considera un régimen…

a) Mixto.

b) Especial.

c) Compuesto.

4.10. ¿Los rendimientos del capital mobiliario estarán sujetos a retención?

a) Sí.

b) No.

c) Solo los obtenidos fuera de España.

4.11. ¿Qué sistema se empleará en general para determinar las bases imponibles?

a) Estimación indirecta.

b) Estimación directa.

c) Estimación por índices.

4.12. El impuesto sobre sociedades es de tipo…

a) Directo.

b) Indirecto.

c) Indirecto real.

Actividades finales

De aplicación

4.13. ¿Cómo se denominan los impuestos que recaen sobre los ingresos, el patrimonio o cualquier otro tipo de manifestación directa de la riqueza con la que cuenta el contribuyente?

4.14. ¿A qué se denomina devengo de un impuesto?

4.15. ¿Qué elementos componen la renta del contribuyente en el IRPF?

4.16. ¿Cuándo se considera que una actividad se ejerce con carácter empresarial?

4.17. ¿Qué diferencia existe entre exención y no sujeción al hablar de un tributo?

4.18. A efectos del impuesto sobre sociedades, ¿cuándo se considerarán residentes en territorio español las entidades?

4.19. ¿Qué operaciones grava el impuesto sobre el valor añadido?

4.20. ¿Cómo se probará el ejercicio de las actividades gravadas por el impuesto de actividades económicas?

4.21. ¿Cuál es el objeto del IRPF?

4.22. Señala los distintos regímenes especiales existentes en el IVA.

4.23. ¿Qué tres métodos de determinación de la base imponible existen?

4.24. ¿Cuándo deberá presentarse, en general, la declaración censal en el IAE?

De ampliación

4.25. Busca en internet dos casos en los que existiese un conflicto en vía judicial entre la Administración tributaria y un contribuyente acerca de la determinación de su domicilio fiscal.

4.26. Señala los tipos de IVA aplicables en otros países de la Unión Europea en la actualidad.

4.27. Indica las principales características del régimen especial del IVA de recargo de equivalencia.

4.28. Indica los principales modelos tributarios que debe presentar mediante autoliquidación un trabajador autónomo.

4.29. Busca un listado actualizado de los epígrafes del IAE.

Unidad 5

ESTRUCTURA FUNCIONAL Y JURÍDICA DE LA ADMINISTRACIÓN PÚBLICA

Contenidos

Objetivos

- Conocer las fuentes del derecho.
- Saber la forma en que se estructura la Unión Europea y sus normas de funcionamiento.
- Entender la estructura administrativa de las comunidades autónomas y las entidades locales.
- Comprender las distintas clases de empleados públicos existentes y el mecanismo de acceso al empleo público.
- Reconocer las manifestaciones de la fe pública.
- Descubrir las fuentes de información pública de las que se dispone.

Introducción

Las Administraciones públicas sirven con objetividad los intereses generales y actúan de acuerdo con los principios de eficacia, jerarquía, descentralización, desconcentración y coordinación, con sometimiento pleno a la Constitución, a la ley y al derecho.

El sector público comprende:

- La Administración General del Estado.
- Las Administraciones de las comunidades autónomas.
- Las entidades que integran la Administración local.
- El sector público institucional.

5.1. El derecho

El término deriva de la palabra latina *directum*, que puede traducirse por «no separarse del camino correcto, mantener el sendero marcado por la normativa o por lo que se estima que es adecuado por el conjunto de la sociedad».

De otra forma se entiende por derecho la serie de normas jurídicas, producidas por los entes públicos, para regular el comportamiento externo de las personas, y en el supuesto de incumplimiento se señala la existencia de una sanción de tipo administrativo o judicial prevista de una sanción judicial.

El derecho puede entenderse desde varios puntos de vista:

- **Derecho como cuerpo de normas:** serie de normas que buscan regular el comportamiento personal a través de legislación, autorizaciones y limitaciones.
- **Derecho como realidad social:** normas jurídicas cuyo objetivo es la regulación de los integrantes de la sociedad a la que van dirigidas y que tienen sentido en tanto en cuanto la sociedad siga existiendo.
- **Derecho como serie de valores:** serie de disposiciones que buscan incorporar determinados valores a la sociedad a través de la obligatoriedad que caracteriza a la norma jurídica. Se entiende que dichos valores están conformes con la voluntad general de la sociedad.
- **Derecho como argumentario:** constituido por las normas que se plasman en un texto escrito y que pueden compartirse con las personas interesadas en las mismas.

5.2. Las fuentes del derecho

Las fuentes del ordenamiento jurídico español son la ley, la costumbre y los principios generales del derecho. No tendrán validez las disposiciones que contradigan otra de rango superior.

La **ley,** entendida en un sentido amplio, hace referencia al derecho o norma jurídica en general; en sentido estricto significa aquella norma jurídica imperativamente impuesta por el Estado, y aún en un sentido más estricto puede referirse a un conjunto de normas que reúnan determinadas características materiales o formales.

La costumbre solo regirá cuando no exista una ley aplicable, siempre que no sea contraria a la moral o al orden público, y que pueda ser probada. La **costumbre** se define como una conducta repetida, de práctica muy común, dentro de un grupo social. Comportamiento que es entendido por los integrantes de dicho grupo como si se tratase de una norma jurídica, por lo que se sienten obligados por dicha costumbre. Es el caso de una empresa que tiene por costumbre abonar las nóminas el día 10 de cada mes, aunque no figure en ninguna norma.

Los principios generales del derecho se aplicarán en defecto de ley o costumbre.

Las normas jurídicas contenidas en los tratados internacionales no serán de aplicación directa en España en tanto no hayan pasado a formar parte del ordenamiento interno mediante su publicación íntegra en el *Boletín Oficial del Estado*.

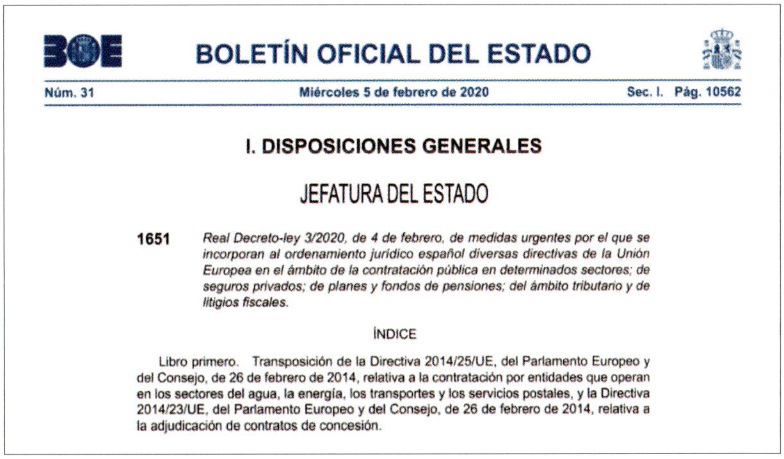
BOLETÍN OFICIAL DEL ESTADO

Núm. 31 Miércoles 5 de febrero de 2020 Sec. I. Pág. 10562

I. DISPOSICIONES GENERALES

JEFATURA DEL ESTADO

1651 *Real Decreto-ley 3/2020, de 4 de febrero, de medidas urgentes por el que se incorporan al ordenamiento jurídico español diversas directivas de la Unión Europea en el ámbito de la contratación pública en determinados sectores; de seguros privados; de planes y fondos de pensiones; del ámbito tributario y de litigios fiscales.*

ÍNDICE

Libro primero. Transposición de la Directiva 2014/25/UE, del Parlamento Europeo y del Consejo, de 26 de febrero de 2014, relativa a la contratación por entidades que operan en los sectores del agua, la energía, los transportes y los servicios postales, y la Directiva 2014/23/UE, del Parlamento Europeo y del Consejo, de 26 de febrero de 2014, relativa a la adjudicación de contratos de concesión.

Figura 5.1. *Boletín Oficial del Estado. (Fuente: www.boe.es.)*

La jurisprudencia complementará el ordenamiento jurídico con la doctrina que, de modo reiterado, establezca el Tribunal Supremo al interpretar y aplicar la ley, la costumbre y los principios generales del derecho. Se trata de un elemento básico, dado que, en muchas ocasiones, las normas admiten diferentes interpretaciones, siendo por ello necesaria la función interpretativa desarrollada por el Tribunal Supremo.

Los jueces y los tribunales tienen el deber inexcusable de resolver en todo caso los asuntos que se conozcan, ajustándose al sistema de fuentes establecido.

5.2.1. Separación de poderes

La teoría de la separación de poderes se basa en dos puntos fundamentales:

- Las tres funciones clave del Estado (legislativa, ejecutiva y judicial) han de disponer de un título distinto.
- Los diversos poderes se relacionan entre sí a través de un mecanismo de vetos y correcciones, dado que se requiere que exista un freno al poder como forma de defender la libertad y se requiere que un poder sea limitado por otro poder.

- Comisión Europea (Comisión).
- Tribunal de Justicia de la Unión Europea.
- Banco Central Europeo.
- Tribunal de Cuentas.

Cada institución actuará dentro de los límites de las atribuciones que le confieren los Tratados, con arreglo a los procedimientos, condiciones y fines establecidos en los mismos. Las instituciones mantendrán entre sí una cooperación leal.

El Parlamento Europeo, el Consejo y la Comisión estarán asistidos por un Comité Económico y Social y por un Comité de las Regiones que ejercerán funciones consultivas.

Parlamento Europeo

El Parlamento Europeo ejercerá en conjunto con el Consejo la función legislativa y la función presupuestaria. Ejercerá funciones de control político y consultivas, en las condiciones establecidas en los Tratados. Elegirá al presidente de la Comisión.

El Parlamento Europeo estará compuesto por representantes de los ciudadanos de la Unión. Su número no excederá de setecientos cincuenta, más el presidente. La representación de los ciudadanos será decrecientemente proporcional, con un mínimo de seis diputados por Estado miembro. No se asignará a ningún Estado miembro más de noventa y seis escaños.

Los diputados al Parlamento Europeo serán elegidos por sufragio universal directo, libre y secreto, para un mandato de cinco años.

Figura 5.3. Reunión del Consejo Europeo, que se celebra en el edificio Europa de Bruselas. *(Fuente: elperiodico.com.)*

Consejo Europeo

El Consejo Europeo dará a la Unión los impulsos necesarios para su desarrollo y definirá sus orientaciones y prioridades políticas generales. No ejercerá función legislativa alguna.

El Consejo Europeo estará compuesto por los jefes de Estado o de Gobierno de los Estados miembros, así como por su presidente y por el presidente de la Comisión. Participará en sus trabajos el alto representante de la Unión para Asuntos Exteriores y Política de Seguridad.

Consejo

El Consejo ejercerá en conjunto con el Parlamento Europeo la función legislativa y la función presupuestaria. Desempeñará funciones de definición de políticas y de coordinación, en las condiciones establecidas en los Tratados.

El Consejo estará compuesto por un representante de cada Estado miembro, de rango ministerial, facultado para comprometer al Gobierno que represente y para ejercer el derecho de voto.

Un comité de representantes permanentes de los Gobiernos de los Estados miembros se encargará de preparar los trabajos del Consejo.

Comisión

La Comisión promoverá el interés general de la Unión y tomará las iniciativas adecuadas con este fin. Velará por que se apliquen los Tratados y las medidas adoptadas por las instituciones en virtud de estos. Supervisará la aplicación del derecho de la Unión bajo el control del Tribunal de Justicia de la Unión Europea. Ejecutará el presupuesto y gestionará los programas. Ejercerá asimismo funciones de coordinación, ejecución y gestión, de conformidad con las condiciones establecidas en los Tratados. El mandato de la Comisión será de cinco años.

La Comisión ejercerá sus responsabilidades con plena independencia. Los miembros de la Comisión no solicitarán ni aceptarán instrucciones de ningún Gobierno, institución, órgano u organismo. Se abstendrán de todo acto incompatible con sus obligaciones o con el desempeño de sus funciones.

Tribunal de Justicia de la Unión Europea

El Tribunal de Justicia de la Unión Europea comprenderá el Tribunal de Justicia, el Tribunal General y los tribunales especializados. Garantizará el respeto del derecho en la interpretación y aplicación de los Tratados.

Los Estados miembros establecerán las vías de recurso necesarias para garantizar la tutela judicial efectiva en los ámbitos cubiertos por el derecho de la Unión.

El Tribunal de Justicia estará compuesto por un juez por Estado miembro. Estará asistido por abogados generales. El Tribunal General dispondrá al menos de un juez por Estado miembro.

Los jueces y abogados generales del Tribunal de Justicia y los jueces del Tribunal General serán nombrados de común acuerdo por los Gobiernos de los Estados miembros para un periodo de seis años. Los jueces y abogados generales salientes podrán ser nombrados de nuevo.

Figura 5.4. Lenguas oficiales de la Unión Europea. *(Fuente: www.europa.eu.)*

Actividad propuesta 5.2. Tribunal de Justicia de la UE

Señala las materias sobre las que se pronunciará el Tribunal de Justicia de la Unión Europea.

5.3.2. Derecho comunitario

La Unión Europea dispone para lograr sus objetivos de una variada normativa. El derecho de la Unión Europea está por encima de la legislación nacional para conseguir asegurar su uniformidad en la integridad de los Estados miembros. Por otra parte, el derecho comunitario es independiente de la legislación interna de cada uno de los Estados. Además, otorga derechos y establece obligaciones de forma directa tanto a las instituciones de la Unión Europea como a los Estados que la integran y a sus ciudadanos, dentro del que se conoce como efecto directo del derecho comunitario.

El derecho comunitario se encuentra constituido por los Tratados constitutivos y los Tratados de adhesión (conocidos todos ellos como derecho originario) y por las normas que se encuentran recogidas en los actos aprobados por las distintas instituciones comunitarias en la aplicación de los citados Tratados (denominados en general derecho derivado).

Derecho originario

Estaba formado por los tres Tratados fundacionales:

- El Tratado Constitutivo de la Comunidad Europea del Carbón y del Acero (CECA), firmado en París y que entró en vigor el 23 de julio de 1952.
- El Tratado Constitutivo de la Comunidad Europea (CE), firmado en Roma y que entró en vigor el 1 de enero de 1958.
- El Tratado Constitutivo de la Comunidad Europea de la Energía Atómica (EURATOM), firmado en Roma y que entró en vigor el 1 de enero de 1958.

Los Tratados fundacionales han sido adaptados a las nuevas circunstancias que surgían con ocasión de la adhesión de nuevos Estados miembros.

Derecho derivado

El derecho comunitario derivado se halla integrado por la serie de actos que son adoptados por las instituciones de la Unión Europea para el ejercicio de las múltiples competencias que les han sido otorgadas por los Tratados. Todo ello se conoce como «legislación europea».

Entre dichos actos cabe mencionar los reglamentos (actos que resultan aplicables de manera directa en la totalidad de los Estados miembros y de forma uniforme), las directivas (actos que incluyen los objetivos que han de ser alcanzados, pero que dejan a los Estados miembros la elección de los medios para alcanzarlos), las decisiones (actos que obligan de forma exclusiva al destinatario de estos), las recomendaciones y los dictámenes, que no resultan vinculantes.

Acervo comunitario

El acervo comunitario es muy relevante en el funcionamiento de la Unión Europea y se encuentra más allá del derecho comunitario entendido en sentido estricto. Está constituido por:

- Acuerdos en los ámbitos de Interior y Justicia.
- Resoluciones y declaraciones que se adoptan dentro del marco comunitario.
- Convenios internacionales suscritos por la Unión Europea o por los Estados que la integran entre sí en el marco de las actuaciones propias de la Unión.
- Objetivos políticos, los principios y el contenido de los Tratados de la Unión Europea.

- Jurisprudencia que se derive de los Tribunales integrados en la estructura comunitaria.
- Legislación que se adopta en aplicación de los Tratados comunitarios.
- Actos adoptados en materia de política exterior y seguridad común.

5.4. Órganos de la Administración central

La organización de la Administración General del Estado responde a los principios de división funcional en departamentos ministeriales y de gestión territorial integrada en delegaciones del Gobierno en las comunidades autónomas, salvo las excepciones previstas. En la organización central son órganos superiores y órganos directivos los siguientes:

- Órganos superiores: ministros y secretarios de Estado.
- Órganos directivos: subsecretarios y secretarios generales, secretarios generales técnicos y directores generales, y subdirectores generales.

En la organización territorial de la Administración General del Estado son órganos directivos tanto los delegados del Gobierno en las comunidades autónomas, que tendrán rango de subsecretario, como los subdelegados del Gobierno en las provincias, los cuales tendrán nivel de subdirector general.

En la Administración General del Estado en el exterior son órganos directivos los embajadores y los representantes permanentes ante organizaciones internacionales. Los órganos superiores y directivos tienen además la condición de alto cargo, excepto los subdirectores generales y asimilados. Todos los demás órganos de la Administración General del Estado se encuentran bajo la dependencia o dirección de un órgano superior o directivo. Los estatutos de los organismos públicos determinarán sus respectivos órganos directivos.

Figura 5.5. Delegación del Gobierno en la Comunidad de Madrid. *(Fuente. www.mptfp.gob.es.)*

5.5. Instituciones de la comunidad autónoma

La Constitución española reconoce a los territorios que configuran la Administración regional una autonomía jurídica y administrativa que se traduce en un amplio autogobierno, descentralizándose de la gestión del Gobierno central.

Las comunidades autónomas cuentan con autonomía política y financiera. Esto se traduce en que pueden aprobar leyes en todas las materias que se recojan en sus estatutos.

Territorialmente la descentralización está organizada en 17 comunidades autónomas, dos ciudades con estatuto de autonomía (Ceuta y Melilla) y 8125 entidades locales.

Entre las singularidades destacan las comunidades autónomas con lengua propia y cooficial, que son: Cataluña, Comunidad Valenciana, Islas Baleares, País Vasco, Navarra y Galicia.

También es especial el régimen de financiación que tienen Navarra y País Vasco, así como el régimen fiscal con el que cuentan Canarias y las ciudades de Ceuta y Melilla.

Actividad resuelta 5.1. Funcionarios

¿Cuáles son las causas de pérdida de la condición de funcionario de carrera?

Solución:

Son causas de pérdida de la condición de funcionario de carrera:

- La renuncia a la condición de funcionario.
- La pérdida de la nacionalidad.
- La jubilación total del funcionario.
- La sanción disciplinaria de separación del servicio que tuviere carácter firme.
- La pena principal o accesoria de inhabilitación absoluta o especial para cargo público que tuviere carácter firme.

5.7.2. Funcionario interino

Son funcionarios interinos los que, por razones expresamente justificadas de necesidad y urgencia, son nombrados como tales para el desempeño de funciones propias de funcionarios de carrera, cuando se dé alguna de las siguientes circunstancias:

- La existencia de plazas vacantes cuando no sea posible su cobertura por funcionarios de carrera.
- La sustitución transitoria de los titulares.
- La ejecución de programas de carácter temporal, que no podrán tener una duración superior a tres años, ampliable hasta doce meses más.
- El exceso o acumulación de tareas por plazo máximo de seis meses, dentro de un periodo de doce meses.

La selección de funcionarios interinos habrá de realizarse mediante procedimientos ágiles que respetarán en todo caso los principios de igualdad, mérito, capacidad y publicidad. A los funcionarios interinos les será aplicable, en cuanto sea adecuado a la naturaleza de su condición, el régimen general de los funcionarios de carrera.

5.7.3. Personal laboral

Es personal laboral el que, en virtud de contrato de trabajo formalizado por escrito, en cualquiera de las modalidades de contratación de personal previstas en la legislación laboral, presta servicios retribuidos por las Administraciones públicas. En función de la duración del contrato este podrá ser fijo, por tiempo indefinido o temporal.

5.7.4. Personal eventual

Es personal eventual el que, en virtud de nombramiento y con carácter no permanente, solo realiza funciones expresamente calificadas como de confianza o asesoramiento especial, siendo retribuido con cargo a los créditos presupuestarios consignados para este fin. Por ejemplo, esta figura es usada con frecuencia para la contratación de asesores de grupos parlamentarios o de altos cargos de las Administraciones públicas.

5.9. Fedatarios públicc

La fe pública se produce cuando una afirr
ne como verdad frente a todas las person
tarial; sin embargo, no es la única.

La RAE indica que fe pública es la «autori
cambio y bolsa, cónsules y secretarios de
los documentos que autorizan en debida
do en ellos sea tenido por verdadero mie

Debe distinguirse entre la fe pública nota
del tipo de fedatario a que se haga refere

5.9.1. Fe pública notaria

El notario es el funcionario público autori
y demás actos extrajudiciales.

El **notario** redactará escrituras matrices, interv
legitimaciones y legalizaciones y formará pro

Las escrituras públicas tienen como cont
nes de voluntad, los actos jurídicos que i
sentimiento, los contratos y los negocios
ejemplo, la compraventa de una vivienda
tulaciones matrimoniales.

Las actas notariales tienen como contenic
o la percepción que de los mismos tenga
su índole no puedan calificarse de actos
cios o calificaciones. Sería el caso de un
estado de conservación de una vivienda
instalaciones después de un incendio.

5.9.2. Fe pública registra

La llamada fe pública registral es la que
de personas, las cuales verifican la verac
que reflejan.

Registro de la Propiedad

El Registro de la Propiedad tiene por objet
los actos y contratos relativos al dominio y
bienes inmuebles. Las expresadas inscripc
en el Registro en cuya circunscripción terri

Las leyes de función pública determinarán los órganos de gobierno de las Administraciones públicas que podrán disponer de este tipo de personal. El número máximo se establecerá por los respectivos órganos de gobierno. Este número y las condiciones retributivas serán públicas.

El nombramiento y el cese serán libres. El cese tendrá lugar, en todo caso, cuando se produzca el de la autoridad a la que se preste la función de confianza o asesoramiento.

Sabías que

La condición de personal eventual no podrá constituir mérito para el acceso a la función pública o para la promoción interna. Es decir, el tiempo de servicio como personal eventual no podrá puntuar para acceder a un puesto de funcionario de carrera.

Al personal eventual le será aplicable, en lo que sea adecuado a la naturaleza de su condición, el régimen general de los funcionarios de carrera.

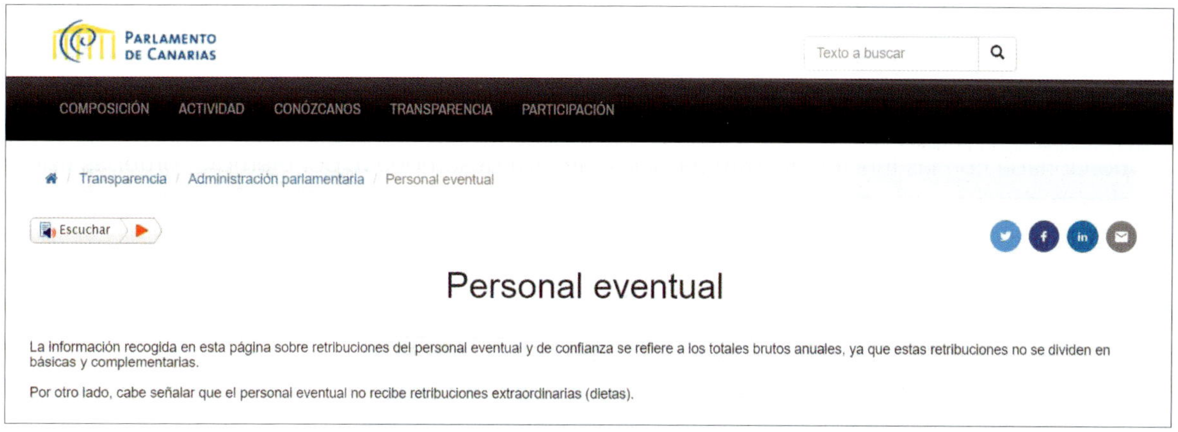

Figura 5.10. Página web donde se informa del personal eventual del Parlamento de Canarias. *(Fuente: www.parcan.es.)*

5.7.5. Personal directivo profesional

Es personal directivo el que desarrolla funciones directivas profesionales en las Administraciones públicas, definidas como tales en las normas específicas de cada Administración. Su designación atenderá a principios de mérito y capacidad y a criterios de idoneidad, y se llevará a cabo mediante procedimientos que garanticen la publicidad y concurrencia.

El personal directivo estará sujeto a evaluación con arreglo a los criterios de eficacia y eficiencia, responsabilidad por su gestión y control de resultados en relación con los objetivos que les hayan sido fijados.

5.8. Acceso a la función pública. Oferta de empleo público

Todos los ciudadanos tienen derecho al acceso al empleo público de acuerdo con los principios constitucionales de igualdad, mérito y capacidad, y de acuerdo con lo previsto en el Estatuto Básico del Empleado Público y en el resto del ordenamiento jurídico.

Las Administraciones públ
dimientos en los que se ga
establecidos a continuació

- Publicidad de las convo
- Transparencia.
- Imparcialidad y profesio
- Independencia y discre
- Adecuación entre el coı
- Agilidad, sin perjuicio c

Actividad propues

Señala los requisitos para pc
en el Estatuto Básico del Em

Podrá exigirse el cumplim
proporcionada con las func
en el caso de las fuerzas d

5.8.1. Oferta

Las necesidades de recurs
existentes serán objeto de
se considere conveniente

Sabías que

Excepcionalmente, cuando
podrá aprobar ofertas de e

Figura 5.11. Prueba de selecc
públicos. *(Fuente: www.madri*

Para canalizar la publicación de tan ingente cantidad de información y facilitar el cumplimiento de estas obligaciones de publicidad activa y, desde la perspectiva de que no se puede, por un lado, hablar de transparencia y, por otro, no poner los medios adecuados para facilitar el acceso a la información divulgada, la normativa contempla la creación y desarrollo de un portal de la transparencia. Las nuevas tecnologías nos permiten hoy día desarrollar herramientas de extraordinaria utilidad para el cumplimiento de las disposiciones de la normativa sobre transparencia, acceso a la información pública y buen gobierno cuyo uso permita que, a través de un único punto de acceso, el ciudadano pueda obtener toda la información disponible.

5.10.1. Bases de datos del Ministerio de Política Territorial y Función Pública

Las Administraciones públicas procederán a publicar de forma periódica y actualizada la información cuyo conocimiento sea relevante para garantizar la transparencia de su actividad relacionada con el funcionamiento y control de la actuación pública.

Las obligaciones de transparencia se entienden sin perjuicio de la aplicación de la normativa autonómica correspondiente o de otras disposiciones específicas que prevean un régimen más amplio en materia de publicidad.

Figura 5.14. Portal de transparencia del Principado de Asturias. *(Fuente: www.asturias.es.)*

Serán de aplicación, en su caso, los límites al derecho de acceso a la información pública señalados a continuación y, especialmente, el derivado de la protección de datos de carácter personal. A este respecto, cuando la información contuviera datos especialmente protegidos, la publicidad solo se llevará a cabo previa disociación de estos.

Actividad propuesta 5.6. Información pública

Señala en qué casos puede limitarse el derecho de acceso a la información pública tal como se indica en la Ley 19/2013 de transparencia, acceso a la información pública y buen gobierno.

La aplicación de los límites será justificada y proporcionada a su objeto y finalidad de protección y atenderá a las circunstancias del caso concreto, especialmente a la concurrencia de un interés público o privado superior que justifique el acceso.

Recuerda

La información sujeta a las obligaciones de transparencia será publicada en las correspondientes sedes electrónicas o páginas web y de una manera clara, estructurada y entendible para los interesados y, preferiblemente, en formatos reutilizables. Se establecerán los mecanismos adecuados para facilitar la accesibilidad, la interoperabilidad, la calidad y la reutilización de la información publicada, así como su identificación y localización.

Toda la información será comprensible, de acceso fácil y gratuito, y estará a disposición de las personas con discapacidad en una modalidad suministrada por medios o en formatos adecuados de manera que resulten accesibles y comprensibles, conforme al principio de accesibilidad universal y diseño para todos.

Las Administraciones públicas publicarán información relativa a las funciones que desarrollan, la normativa que les sea de aplicación y su estructura organizativa. A estos efectos, incluirán un organigrama actualizado que identifique a los responsables de los diferentes órganos y su perfil y trayectoria profesional.

Las Administraciones públicas publicarán los planes y programas anuales y plurianuales en los que se fijen objetivos concretos, así como las actividades, medios y tiempo previsto para su consecución. Su grado de cumplimiento y resultados deberán ser objeto de evaluación y publicación periódica junto con los indicadores de medida y valoración, en la forma en que se determine por cada Administración competente.

Figura 5.15. Las Administraciones públicas publicarán la relación de los bienes inmuebles que sean de su propiedad o sobre los que ostenten algún derecho real. *(Fuente: www.ayto-grado.es.)*

5.10.2. Portal de la transparencia

La Administración General del Estado desarrollará un portal de la transparencia, que facilitará el acceso de los ciudadanos a toda la información a la que se refieren los artículos anteriores relativa a su ámbito de actuación.

El portal de la transparencia incluirá, en los términos que se establezcan reglamentariamente, la información de la Administración General del Estado, cuyo acceso se solicite con mayor frecuencia.

La Administración General del Estado, las Administraciones de las comunidades autónomas y de las ciudades de Ceuta y Melilla y las entidades que integran la Administración local podrán adoptar otras medidas complementarias y de colaboración para el cumplimiento de las obligaciones de transparencia que les corresponde.

Todas las personas tienen derecho a acceder a la información pública, en los términos previstos en el artículo 105.b) de la Constitución.

Se entiende por información pública los contenidos o documentos, cualquiera que sea su formato o soporte, que obren en poder de una Administración pública y que hayan sido elaborados o adquiridos en el ejercicio de sus funciones.

Figura 5.16. Portal de la transparencia. *(Fuente: www.transparencia.gob.es.)*

5.11. Otros

El *Boletín Oficial del Estado (BOE)*, diario oficial del Estado español, es el medio de publicación de las leyes, disposiciones y actos de inserción obligatoria.

Sabías que

El *Boletín Oficial del Estado* se publica únicamente en edición electrónica desde el año 2009. El cambio de soporte se enmarca en la ley de acceso electrónico de los ciudadanos a los servicios públicos, que entró en vigor en el año 2007.

El texto de las leyes, disposiciones y actos publicados en el *BOE* tendrá la consideración de oficial y auténtico. El texto de las normas emanadas de las comunidades autónomas que se publiquen en el *BOE* tendrá el carácter que le atribuyan los respectivos estatutos. En el *BOE* se publicarán:

- Las disposiciones generales de los órganos del Estado y los tratados o convenios internacionales.
- Las disposiciones generales de las comunidades autónomas, de acuerdo con lo establecido en los Estatutos de Autonomía y en las normas con rango de ley dictadas para el desarrollo de estos.
- Las resoluciones y actos de los órganos constitucionales del Estado, de acuerdo con lo establecido en sus respectivas leyes orgánicas.
- Las disposiciones que no sean de carácter general, las resoluciones y actos de los departamentos ministeriales y de otros órganos del Estado y de las Administraciones públicas, cuando una ley o un real decreto así lo establezcan.
- Las convocatorias, citaciones, requisitorias y anuncios cuando una ley o un real decreto así lo establezcan.

El Consejo de Ministros podrá excepcionalmente acordar la publicación de informes, documentos o comunicaciones oficiales, cuya difusión sea considerada de interés general.

Actividad resuelta 5.3. *BOE*

Señala las secciones en las que se divide el contenido del *Boletín Oficial del Estado.*

Solución:

El contenido del *BOE* se distribuye en las siguientes secciones:

- Sección I: Disposiciones generales.
- Sección II: Autoridades y personal.
- Sección III: Otras disposiciones.
- Sección IV: Administración de Justicia.
- Sección V: Anuncios.

Existirá asimismo un suplemento independiente en el que se publicarán las sentencias, declaraciones y autos del Tribunal Constitucional en los términos previstos en su ley orgánica.

Los boletines oficiales de las Administraciones públicas autonómicas y locales son las publicaciones oficiales a través de las cuales se da publicidad a las normas, actos administrativos y demás documentos e informaciones, que deban ser objeto de público conocimiento, de conformidad con el ordenamiento jurídico vigente.

Figura 5.17. *Boletín Oficial de la Junta de Andalucía. (Fuente: www.juntadeandalucia.es.)*

Los ciudadanos tendrán acceso libre y gratuito a la edición electrónica del *Boletín Oficial del Estado.* Dicho acceso comprenderá la posibilidad de búsqueda y consulta del contenido del diario, así como la posibilidad de archivo e impresión, tanto del diario completo como de cada una de las disposiciones, actos o anuncios que lo componen.

En todas las oficinas de información y atención al ciudadano de la Administración General del Estado, se facilitará la consulta pública y gratuita de la edición electrónica del *Boletín Oficial del Estado.* Con ese fin, en cada una de estas oficinas existirá al menos un terminal informático, a través del cual se podrán realizar búsquedas y consultas del contenido del diario. Las mencionadas oficinas deberán facilitar a las personas que lo soliciten una copia impresa de las disposiciones, actos o anuncios que requieran, o del diario completo, mediante, en su caso, la contraprestación que proceda.

Mapa conceptual

- **Estructura funcional y jurídica de la Administración pública**
  - El derecho puede traducirse por no separarse del camino correcto
  - Fuentes del derecho son la ley y la costumbre
    - Separación de poderes
      - Las tres funciones clave del Estado son la legislativa, la ejecutiva y la judicial
  - Unión Europea
    - Instituciones
      - Parlamento Europeo
        - Ejercerá funciones de contr… político y consultivas
      - Consejo Europeo
        - No ejercerá función legislativa. Está compuesto por los jefes de Estado de l… países miembros
      - Consejo
        - Ejercerá la función legislativ… y la función presupuestaria. … compone de un representan… de cada Estado miembro
      - Comisión Europea
        - Promoverá el interés gener… de la Unión y tomará las iniciativas adecuadas. Su mandato es de cinco años
      - Tribunal de Justicia de la Unión Europea
        - Garantizará el respeto del derecho en la interpretació… y aplicación de los tratados. Comprende el Tribunal de Justicia y el Tribunal Genera… los tribunales especializado…
      - Banco Central Europeo
      - Tribunal de Cuentas
    - Derecho comunitario
      - Derecho originario
      - Derecho derivado
      - Acervo comunitario
  - Órganos de la Administración central
  - Instituciones de la comunidad autónoma
    - Asamblea legislativa
    - Consejo de Gobierno
    - Presidente
    - Tribunal Superior de Justicia
  - Administración local
    - Municipio
    - Provincia
  - Funcionarios públicos
    - Funcionarios de carrera
    - Funcionarios interinos
    - Personal laboral
    - Personal eventual
  - Acceso a la función pública. Oferta de empleo público
  - Fedatarios públicos
    - Fe pública notarial
    - Fe pública registral
      - Registro Civil
      - Registro
    - Fe pública administrativa
    - Fe pública judicial
  - Fuentes de información de la Administración pública
    - Bases de datos de las Administraciones públicas
    - Portal de transparencia
  - Boletines y otros

LEE Y REFLEXIONA

Lee el artículo «10 razones para utilizar la red Eures», publicado por EuresSpain el 29 de mayo de 2017.

10 razones para utilizar la red Eures

Hoy en nuestro blog contamos con la colaboración de Amalia López, *Community Manager* del Servicio Público de Empleo de la Comunidad Valenciana (SERVEF).

Ya sea de forma forzada o buscada, si decidimos irnos a trabajar a otro país son cientos de preguntas y dudas las que se nos plantean y, ¿por dónde empezamos?

Sin lugar a duda, por la red EURES, pero ¿qué es la red EURES?

La red EURES es la unión de todos los 28 servicios públicos de empleo de la Unión Europea más Noruega, Suiza, Islandia y Liechtenstein que ponen en común todas sus ofertas y recursos para ayudar a todas aquellas personas que están buscando empleo.

Muchos dirán, claro, no lo conocemos porque no es algo nuevo. Pues no, no lo es y es que la red EURES se puso en marcha en el año 1993.

¿Por qué recurrir a la red EURES? Aquí tienes **10 razones:**

1) Plataforma única de búsqueda de empleo en toda la Unión Europea.

El portal de ofertas de la red Eures pone en común las ofertas de trabajo existentes en toda la Unión Europea, lo que nos facilita sin duda la tarea de buscar trabajo. En vez de tener que ir país por país buscando, en internet lo podemos hacer desde una única plataforma.

En estos momentos hay disponibles más de un millón de ofertas de trabajo. Allí también puedes subir tu CV, crear alertas, etcétera.

El portal de empleo también se ha simplificado y así el personal de cada servicio público de empleo sube las ofertas a la plataforma y el candidato se inscribe directamente sin ser necesario estar inscrito en un servicio público de empleo.

Todas las ofertas especifican las condiciones, funciones, salario… y la forma de contacto que será directa con la empresa, ya sea por email, por teléfono o por videoconferencia, con lo que se simplifica el proceso de selección.

2) Toda la información está también en castellano.

Está claro que si queremos ir a trabajar a un país es importante tener un buen nivel de conocimiento del idioma del país al que queremos ir, pero no viene mal que toda esa información más «engorrosa», como contratos, condiciones, normativa… la podamos tener también en castellano. Ojo, hay información que solo aparecerá en inglés o francés.

Con el tiempo EURES ha ido elaborando una gran cantidad de material con información de interés para aquellas personas que están buscando empleo, como pueden ser guías, recomendaciones, videotutoriales…

Servicios prestados por la Red Eures. *(Fuente: ec.europa.es.)*

3) Todos los servicios son gratuitos.

Todos los servicios que ofrece EURES son gratuitos. En los últimos años hemos visto cómo muchas empresas se han lucrado ofreciendo servicios de intermediación para conseguir ofertas de trabajo en otros países debido, entre otros motivos, a que muchas personas desconocían que esto mismo podían hacerlo de forma gratuita con la red EURES.

4) Podemos chatear con un asesor EURES del país al que queremos ir.

Este es uno de los últimos servicios que ofrece la red EURES y gracias al cual los viernes de 11:00 a 13:30 horas podemos chatear con un asesor EURES del país al cual queremos ir y plantearle todas nuestras dudas y consultas. ¡¡¡Y todo sin movernos de casa!!!

5) Garantía de ser atendidos por técnicos de los servicios públicos.

Todos los trabajadores de la red EURES son técnicos de los servicios públicos de empleo de la Unión Europea. Lo que ha hecho la red EURES es formar a técnicos de cada servicio de empleo público y los ha convertido en consejeros EURES. Hay más de 1000 consejeros EURES.

En España suele haber normalmente un consejero EURES por cada provincia y después en cada oficina de empleo encontramos un asesor EURES que es un técnico que, además de sus funciones habituales, también se encarga de atender y ofrecer información y asesoramiento inicial a una persona que quiere ir a trabajar a otro país.

6) Presencia en ferias, foros, jornadas y *jobdays*.

Los consejeros EURES de los diferentes países se desplazan a ferias, foros y jornadas relacionados con el empleo para que los participantes puedan contactar con ellos de primera mano. Además, suelen venir con las ofertas de trabajo disponibles en sus países para poder captar candidatos para dichas empresas.

También hay que destacar la organización de los conocidos como *jobsdays* (https://www.europeanjobdays.eu/es), jornadas europeas de empleo organizadas por la red EURES tanto *online* como *onsite* y que sirven de punto de encuentro de empresas y personas que están buscando empleo en la Unión Europea.

Así mismo, los asesores EURES de las oficinas de empleo ofrecen charlas informativas de todos los servicios que ofrece la red. Puedes informarte en tu oficina por si quieres asistir a alguna.

Servicios prestados por la Red Eures. *(Fuente: ec.europa.es.)*

7) Garantía y seguridad.

Todos sabemos que desplazarse a otro país puede ser un problema, ya que no sabemos si el contrato que firmamos cumple la normativa, si tenemos nuestra documentación en regla... Además, hemos visto cómo en ocasiones personas sin escrúpulos se aprovechan de la necesidad ante la falta de trabajo para engañar y estafar con presuntas ofertas de trabajo que luego no eran tales.

En la red EURES tenemos la tranquilidad de que estamos tratando con los servicios públicos de empleo de los diferentes gobiernos de la Unión Europea, lo que es una garantía en cuanto a la información, el asesoramiento y la atención que recibimos.

8) Ayudas económicas a la movilidad.

La red EURES dispone de ayudas económicas a las cuales podemos acogernos.

Entre todas destacan aquellas por las que podemos solicitar para desplazarnos a hacer una entrevista de trabajo y si finalmente nos vamos a desplazar para trabajar a otro país y que podemos destinar para el pago del billete de avión o para ayudarnos con el alquiler.

9) Todas las oficinas de empleo de la Unión Europea a nuestra disposición.

Puede parecer increíble pero la red EURES nos da acceso a todas las oficinas de todos los servicios públicos de empleo de la Unión Europea. Y lo mejor de todo es que podemos contactar con ellos ya sea por *e-mail* o por Skype directamente.

Podemos seleccionar así mismo a la persona que queremos que nos atienda y en los casos que así sea podremos hacerlo incluso en castellano.

¿Cuándo ha sido tan fácil tener un contacto en otro país que nos puede ayudar en la búsqueda de empleo, buscar casa, realizar trámites...?

Actividades finales

De aplicación

5.13. ¿A qué se denomina mancomunidad de municipios?

5.14. ¿Cuáles son las funciones del presidente de una comunidad autónoma?

5.15. ¿Cuáles son las instituciones de la Unión Europea?

5.16. En caso de que se adquiera una vivienda, ¿qué finalidad tiene la inscripción en el Registro de la Propiedad?

5.17. ¿A qué se llaman los principios generales del derecho?

5.18. ¿En qué circunstancias procederá la contratación de funcionarios interinos de acuerdo con lo dispuesto en el Estatuto Básico del Empleado Público?

5.19. ¿Qué se publicará en el *Boletín Oficial del Estado*?

5.20. ¿Cuáles son las instituciones de una comunidad autónoma?

5.21. ¿Cuál es el concepto de funcionario de carrera?

5.22. ¿Cuáles son los denominados órganos directivos en la organización central de la Administración del Estado?

5.23. Busca la composición del pleno de la diputación de la provincia en que resides. En caso de que tu provincia carezca de diputación, señala la de cualquier otra provincia.

5.24. Pon ejemplos de personal eventual en dos ayuntamientos diferentes.

De ampliación

5.25. ¿Cuál es el sentido de que exista personal eventual en las Administraciones públicas?

5.26. Señala los grupos políticos que se encuentran presentes en la composición actual de la Asamblea legislativa de tu comunidad autónoma.

5.27. ¿Qué funciones desempeña el Tribunal de Cuentas Europeo?

5.28. Busca dos ofertas de empleo público de la comunidad autónoma en la que resides.

5.29. Busca en el portal de transparencia de la Administración General del Estado la declaración de bienes de altos cargos más recientemente publicada.

Unidad 6

LAS RELACIONES ENTRE ADMINISTRADO Y ADMINISTRACIÓN PÚBLICA

Contenidos

Objetivos

- Conocer el concepto y las características del acto administrativo.
- Entender el procedimiento administrativo y sus fases.
- Saber la naturaleza jurídica del silencio administrativo.
- Tener presente los distintos tipos de recursos administrativos presentes en el ordenamiento jurídico.
- Comprender los conceptos de nulidad y anulabilidad.
- Estudiar las normas básicas de funcionamiento de la jurisdicción contencioso-administrativa.
- Hacerse una idea global de los contratos del sector público.

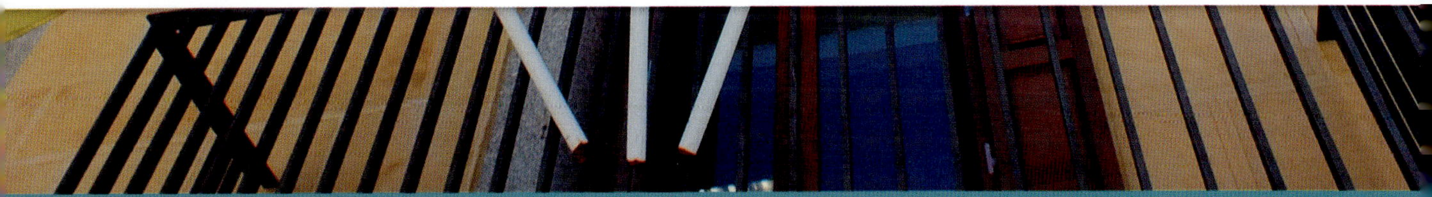

Introducción

La Constitución establece los principios que deben regir la actuación de las Administraciones públicas, entre los que destacan el de eficacia y el de legalidad, al imponer el sometimiento pleno de la actividad administrativa a la ley y al derecho.

La puesta en práctica de estos principios se produce en el procedimiento administrativo, constituido por una serie de vías formales que han de garantizar el adecuado equilibrio entre la eficacia de la actuación administrativa y la imprescindible salvaguarda de los derechos de los ciudadanos y las empresas, que deben ejercerse en condiciones básicas de igualdad en cualquier parte del territorio, con independencia de la Administración con la que se relacionen sus titulares.

6.1. Acto administrativo. Concepto

Los actos administrativos que dicten las Administraciones públicas, bien de oficio (es decir, por propia iniciativa) o a instancia del interesado, se producirán por el órgano competente ajustándose a los requisitos y al procedimiento establecido. El contenido de los actos se ajustará a lo dispuesto por el ordenamiento jurídico y será determinado y adecuado a los fines de aquellos.

Cuando deba dictarse una serie de actos administrativos de la misma naturaleza, tales como nombramientos, concesiones o licencias, podrán refundirse en un único acto. Por ejemplo, el nombramiento como funcionarios del conjunto de personas que han superado el procedimiento de selección correspondiente.

Los actos de las Administraciones públicas sujetos al derecho administrativo se presumirán válidos y producirán efectos desde la fecha en que se dicten, salvo que en ellos se disponga otra cosa.

La eficacia quedará demorada cuando así lo exija el contenido del acto o esté subordinada a su notificación, publicación o aprobación superior.

6.1.1. Clases

Existen diversos tipos de documentos administrativos entre los que cabe destacar los siguientes: documentos de decisión, documentos de transmisión, documentos de constancia y documentos de juicio.

1. Documentos de decisión

Incluyen una declaración de voluntad de un órgano administrativo acerca de materias propias de su competencia. Los documentos de decisión suelen incluir una argumentación, dado que persiguen tomar una decisión y fundamentarla en la normativa aplicable.

En términos generales, los acuerdos y las resoluciones de mero trámite implicarán un menor nivel de complejidad, mientras que las resoluciones que hayan de ser motivadas necesitarán un desarrollo mayor.

2. Documentos de transmisión

Son los que comunican actos, la existencia de determinados hechos o las circunstancias propias de un procedimiento a otras entidades, personas u órganos. Estos documentos pueden clasificarse en base a diferentes criterios. En función de la relación que haya entre el emisor y el destinatario de la información pueden clasificarse de este modo:

- **Externos:** en este caso el destinatario es un ciudadano, una empresa o una Administración pública distinta de aquella a la que pertenece el emisor.
- **Internos:** en este caso, el emisor y el destinatario son órganos o unidades integradas en la misma Administración pública.

Figura 6.1. La ley de procedimiento administrativo ha apostado por la utilización de medios electrónicos en la elaboración de documentos. *(Fuente: Alberto Díaz Hurtado.)*

De acuerdo con el contenido normativo o no del acto comunicado puede hablarse de:

- **Notificación:** su función es comunicar actos de decisión.
- **Publicación:** comunica actos no decisorios.

3. Documentos de constancia

Contienen una declaración de conocimiento por parte de un órgano administrativo, cuyo objetivo es acreditar determinados actos, hechos o efectos. Son documentos con un valor informativo, en los que la Administración, al expresar un conocimiento sobre un determinado hecho, lo promueve a categoría de verdad indiscutible. Por ejemplo, si un ayuntamiento certifica que una persona está empadronada en el municipio, ese hecho no es discutido por ninguna otra Administración pública o entidad privada.

Los documentos de este tipo describen la realidad y producen efectos en la propia Administración pública (actas de infracción, diligencias) o bien fuera de la misma (certificados). En este sentido cabe destacar las actas de reunión de los órganos colegiados, el certificado y la diligencia.

Los certificados son un tipo de documentos que acreditan la existencia de una información que aparece en un documento para que actúe como testimonio fehaciente. Puede estar dirigido a una persona física, una entidad pública o una privada que busque la producción de efectos bien en el marco de procedimiento administrativo (por ejemplo, un certificado de estar al corriente de las obligaciones tributarias) o bien en el contexto de las relaciones jurídico-privadas (por ejemplo, un certificado de asistencia a una consulta médica).

Igualmente se definen como una declaración de conocimiento que expone un hecho que se recoge en un documento o expediente que se halla en un archivo o bien que permita que se manifieste una opinión mediante una serie de análisis previos.

Las Administraciones públicas deben publicar y mantener actualizadas en el portal web, a efectos informativos, las relaciones de procedimientos de su competencia, con indicación de los plazos máximos de duración de los mismos, así como de los efectos que produzca el silencio administrativo.

Sabías que

El personal al servicio de las Administraciones públicas que tenga a su cargo el despacho de los asuntos, así como los titulares de los órganos administrativos competentes para instruir y resolver, son directamente responsables, en el ámbito de sus competencias, del cumplimiento de la obligación legal de dictar resolución expresa en plazo. El incumplimiento de esta obligación dará lugar a la exigencia de responsabilidad disciplinaria, sin perjuicio de la que hubiere lugar de acuerdo con la normativa aplicable.

6.2. Procedimiento administrativo

Se define el procedimiento administrativo como «el cauce formal de la serie de actos en que se concreta la actuación administrativa para la realización de un fin».

El procedimiento administrativo está regulado y se desarrolla conforme a unas reglas propias e incluso tiene un procedimiento específico.

6.2.1. Tipos

Los procedimientos administrativos pueden ser clasificados de acuerdo a diferentes criterios:

1. En función de su actividad, cabe hablar de **procedimiento general** y de una serie de **procedimientos especiales.**
2. De acuerdo con la finalidad que persiguen:
   a) **Declarativos:** buscan la toma de una decisión. Cabe incluir el de revisión o el sancionador.
   b) **Ejecutivos:** pretenden la realización material de una decisión previamente adoptada y que ya tiene la condición de definitiva. Es el caso del procedimiento de apremio.
   c) **De gestión:** su objetivo es la preparación de una decisión que será adoptada con posterioridad.
3. Teniendo en cuenta los plazos de su desarrollo, puede hablarse de **procedimiento ordinario** y de **procedimiento de urgencia,** en el que se reducen los plazos de cumplimiento de los trámites que lo componen, pudiendo suprimirse parte de los mismos.

Cuando razones de interés público lo aconsejen, se podrá acordar, de oficio o a petición del interesado, la aplicación al procedimiento de la tramitación de urgencia, por la cual se reducirán a la mitad los plazos establecidos para el procedimiento ordinario, salvo los relativos a la presentación de solicitudes y recursos.

No cabrá recurso alguno contra el acuerdo que declare la aplicación de la tramitación de urgencia al procedimiento, sin perjuicio del procedente contra la resolución que ponga fin al procedimiento.

6.2.2. Fases

Las principales fases del procedimiento administrativo se desarrollan a continuación.

1. Iniciación

Los procedimientos podrán iniciarse de oficio, en cuyo caso los procedimientos se iniciarán por acuerdo del órgano competente, bien por propia iniciativa o como consecuencia de orden superior, a petición razonada de otros órganos o por denuncia o a solicitud del interesado.

AYUNTAMIENTO DE CÁCERES
SECRETARÍA GENERAL
SECCIÓN DE ATENCIÓN AL CIUDADANO
REGISTRO GENERAL

INSTANCIA GENERAL	MODELO 101
(Espacio reservado para el sello de entrada)	

SOLICITANTE

N.I.F. *	APELLIDOS Y NOMBRE O RAZÓN SOCIAL					
DOMICILIO: CALLE, PLAZA, AVD.		Nº	LETRA	ESC.	PISO	PUERTA
LOCALIDAD / MUNICIPIO	PROVINCIA			CÓDIGO POSTAL		
TELÉFONO	MÓVIL	FAX	E-MAIL			

REPRESENTANTE

N.I.F.*	APELLIDOS Y NOMBRE O RAZÓN SOCIAL					
DOMICILIO: CALLE, PLAZA, AVD.		Nº	LETRA	ESC.	PISO	PUERTA
LOCALIDAD / MUNICIPIO	PROVINCIA			CÓDIGO POSTAL		
TELÉFONO	MÓVIL	FAX	E-MAIL			

SOLICITA

....

FIRMA

El firmante SOLICITA le sea concedido lo arriba indicado.

Cáceres, a .... de .... de 20...

(firma del solicitante / representante)

* N.I.F. / C.I.F. / Pasaporte / Tarjeta de Residencia.

ILMO. SR. ALCALDE – PRESIDENTE DEL EXCMO. AYUNTAMIENTO DE CÁCERES

EJEMPLAR PARA EL REGISTRO

Sección de Atención al Ciudadano - Plaza Mayor nº 1 - 10003 Cáceres - Telf.: 927 255800 - Fax: 927 217059 - www.ayto-caceres.es - informacion@ayto-caceres.es

Figura 6.4. Instancia mediante la que se puede iniciar un procedimiento administrativo. *(Fuente: www.aytocaceres.es.)*

Antes del comienzo del procedimiento administrativo, el órgano competente para iniciar o instruir el procedimiento, de oficio o a instancia de parte, en los casos de urgencia inaplazable y para la protección provisional de los intereses implicados, podrá adoptar de forma motivada las medidas provisionales que resulten necesarias y proporcionadas. Las medidas provisionales deberán ser confirmadas, modificadas o levantadas en el acuerdo de iniciación del procedimiento, que deberá efectuarse dentro de los quince días siguientes a su adopción, el cual podrá ser objeto del recurso que proceda.

En todo caso, estas medidas quedarán sin efecto si no se inicia el procedimiento en dicho plazo o cuando el acuerdo de iniciación no contenga un pronunciamiento expreso acerca de estas.

2. Ordenación

Se entiende por expediente administrativo el conjunto ordenado de documentos y actuaciones que sirven de antecedente y fundamento a la resolución administrativa, así como las diligencias encaminadas a ejecutarla. Los expedientes tendrán formato electrónico.

En el despacho de los expedientes se guardará el orden riguroso de incoación en asuntos de homogénea naturaleza, salvo que por el titular de la unidad administrativa se dé orden motivada en contrario, de la que quede constancia.

3. Instrucción

Los actos de instrucción necesarios para la determinación, conocimiento y comprobación de los hechos en virtud de los cuales deba pronunciarse la resolución, se realizarán de oficio y a través de medios electrónicos, por el órgano que tramite el procedimiento, sin perjuicio del derecho de los interesados a proponer aquellas actuaciones que requieran su intervención o constituyan trámites legal o reglamentariamente establecidos.

Los interesados podrán, en cualquier momento del procedimiento anterior al trámite de audiencia, aducir alegaciones y aportar documentos u otros elementos de juicio.

Figura 6.5. Los actos de instrucción necesarios para la determinación, conocimiento y comprobación de los hechos en virtud de los cuales deba pronunciarse la resolución, se realizarán de oficio.

Actividad propuesta 6.2. Boletines oficiales

Localiza en internet las páginas web de los siguientes boletines oficiales:

- Boletín Oficial del Estado.
- Tu comunidad autónoma.
- Una diputación provincial.
- El ayuntamiento de tu localidad.

4. Finalización

Pondrán fin al procedimiento la resolución, el desistimiento, la renuncia al derecho en que se funde la solicitud, cuando tal renuncia no esté prohibida por el ordenamiento jurídico, y la declaración de caducidad. También producirá la terminación del procedimiento la imposibilidad material de continuarlo por causas sobrevenidas. La resolución que se dicte deberá ser motivada en todo caso.

5. Resolución

La resolución que ponga fin al procedimiento decidirá todas las cuestiones planteadas por los interesados y aquellas otras derivadas de este.

Las resoluciones contendrán la decisión, que será motivada en los casos que así esté señalado legalmente. Expresarán, además, los recursos que contra las mismas procedan, órgano administrativo o judicial ante el que hubieran de presentarse y plazo para interponerlos, sin perjuicio de que los interesados puedan ejercitar cualquier otro recurso que estimen oportuno. La resolución del procedimiento se dictará electrónicamente.

En ningún caso podrá la Administración abstenerse de resolver basándose en el silencio, la oscuridad o la insuficiencia de los preceptos legales aplicables al caso.

En los procedimientos de carácter sancionador, la propuesta de resolución deberá ser notificada a los interesados.

Figura 6.6. Todo interesado podrá desistir de su solicitud o, cuando ello no esté prohibido por el ordenamiento jurídico, renunciar a sus derechos.

6. Desistimiento y renuncia

En los procedimientos iniciados de oficio, la Administración podrá desistir, motivadamente, en los supuestos y con los requisitos previstos en las leyes. Si el escrito de iniciación se hubiera formulado por dos o más interesados, el desistimiento o la renuncia solo afectará a aquellos que la hubiesen formulado.

7. Caducidad

En los procedimientos iniciados a solicitud del interesado, cuando se produzca su paralización por causa imputable al mismo, la Administración le advertirá que, transcurridos tres meses, se producirá la caducidad del procedimiento. No podrá acordarse la caducidad por la simple inactividad del interesado en la cumplimentación de trámites, siempre que no sean indispensables para dictar resolución. Dicha inactividad no tendrá otro efecto que la pérdida de su derecho al referido trámite.

6.3. Silencio administrativo

La Administración está obligada a dictar resolución expresa y a notificarla en todos los procedimientos cualquiera que sea su forma de iniciación.

Para saber más

> Las Administraciones públicas deben publicar y mantener actualizadas en el portal web, a efectos informativos, las relaciones de procedimientos de su competencia, con indicación de los plazos máximos de duración de estos, así como de los efectos que produzca el silencio administrativo.

Las Administraciones públicas informarán a los interesados del plazo máximo establecido para la resolución de los procedimientos y para la notificación de los actos que les pongan término, así como de los efectos que pueda producir el silencio administrativo.

Figura 6.7. El silencio es la falta de resolución expresa de los actos administrativos.

En los procedimientos iniciados a solicitud del interesado, sin perjuicio de la resolución que la Administración debe dictar, el vencimiento del plazo máximo sin haberse notificado resolución expresa, legitima al interesado o interesados para entenderla estimada por silencio administrativo, como regla general. Por ejemplo, si se solicita una licencia y no se notifica una resolución expresa en el tiempo establecido para ello, se entenderá concedida la misma.

La estimación por silencio administrativo tiene a todos los efectos la consideración de acto administrativo finalizador del procedimiento. La desestimación por silencio administrativo tiene los únicos efectos de permitir a los interesados la interposición del recurso administrativo o contencioso-administrativo que resulte procedente.

6.4. Recursos administrativos

El recurso administrativo es definido como el acto mediante el que un sujeto que cuenta con la correspondiente legitimación solicita a la Administración que revise una determinada resolución administrativa, o incluso un acto de trámite porque no se entienden conformes con el ordenamiento jurídico, siempre considerando los plazos establecidos para su ejercicio y de acuerdo con las formalidades señaladas en la normativa de aplicación.

6.4.1. Fin de la vía administrativa

Ponen fin a la vía administrativa:

- Las resoluciones de los recursos de alzada.
- Las resoluciones de los órganos administrativos que carezcan de superior jerárquico, salvo que una ley establezca lo contrario.
- Los acuerdos, pactos, convenios o contratos que tengan la consideración de finalizadores del procedimiento.
- La resolución administrativa de los procedimientos de responsabilidad patrimonial, cualquiera que fuese el tipo de relación, pública o privada, de que derive.
- Las demás resoluciones de órganos administrativos cuando una disposición legal o reglamentaria así lo establezca.

Además de lo previsto en el apartado anterior, en el ámbito estatal ponen fin a la vía administrativa los actos y resoluciones siguientes:

- Los actos administrativos de los miembros y órganos del Gobierno.
- Los emanados de los ministros y los secretarios de Estado en el ejercicio de las competencias que tienen atribuidas los órganos de los que son titulares.
- Los emanados de los órganos directivos con nivel de director general o superior, en relación con las competencias que tengan atribuidas en materia de personal.
- En los organismos públicos y entidades de derecho público vinculados o dependientes de la Administración General del Estado, los emanados de los máximos órganos de dirección unipersonales o colegiados, de acuerdo con lo que establezcan sus estatutos, salvo que por ley se establezca otra cosa.

Actividad resuelta 6.2. Actos y resoluciones

Indica si los siguientes actos y resoluciones ponen fin a la vía administrativa:

- Acto que emana de un director general en materia de patrimonio público.
- Acto que proviene del Consejo de Ministros.
- Acto proveniente de un ministro en ejercicio de las competencias correspondientes al ministerio que dirige.
- Acto que emana de un director general en materia de personal.
- Acto que emana del responsable de personal de una entidad pública empresarial.

Solución:

- Acto que emana de un director general en materia de patrimonio público: no.
- Acto que proviene del Consejo de Ministros: sí.
- Acto proveniente de un ministro en ejercicio de las competencias correspondientes al ministerio que dirige: sí.
- Acto que emana de un director general en materia de personal: sí.
- Acto que emana del responsable de personal de una entidad pública empresarial: no.

6.4.2. Contenido y estructura

La interposición del recurso deberá expresar:

- El nombre y los apellidos del recurrente, así como su identificación personal.
- El acto que se recurre y la razón de su impugnación.
- Lugar, fecha, firma del recurrente, identificación del medio y, en su caso, del lugar que se señale a efectos de notificaciones.
- Órgano, centro o unidad administrativa al que se dirige y su correspondiente código de identificación.
- Las demás particularidades exigidas, en su caso, por las disposiciones específicas.

6.4.3. Tipos de recursos administrativos

A continuación se detallan los principales recursos administrativos existentes en la legislación aplicable sobre la materia.

1. Recurso de alzada

Las resoluciones y los actos de trámite, si estos últimos deciden directa o indirectamente el fondo del asunto, determinan la imposibilidad de continuar el procedimiento, producen indefensión o perjuicio irreparable a derechos e intereses legítimos, cuando no pongan fin a la vía administrativa, podrán ser recurridos en alzada ante el órgano superior jerárquico del que los dictó. El recurso podrá interponerse ante el órgano que dictó el acto que se impugna o ante el competente para resolverlo.

Si el recurso se hubiera interpuesto ante el órgano que dictó el acto impugnado, este deberá remitirlo al competente en el plazo de diez días, con su informe y con una copia completa y ordenada del expediente.

Actividad resuelta 6.3. Recurso de alzada

Señala si las siguientes afirmaciones son ciertas en relación con el recurso de alzada.

- Puede recurrirse en alzada un acto que pone fin a la vía administrativa.
- Puede interponerse el recurso de alzada ante el órgano que dictó el acto impugnado.
- Puede interponerse el recurso de alzada ante el órgano competente para resolverlo.
- Puede recurrirse en alzada ante el acto que dictó el acto impugnado.
- El órgano que dictó el acto impugnado es el competente para resolver el recurso de alzada.

Solución:

- Puede recurrirse en alzada un acto que pone fin a la vía administrativa: falso.
- Puede interponerse el recurso de alzada ante el órgano que dictó el acto impugnado: correcto.
- Puede interponerse el recurso de alzada ante el órgano competente para resolverlo: correcto.
- Puede recurrirse en alzada ante el acto que dictó el acto impugnado: falso.
- El órgano que dictó el acto impugnado es el competente para resolver el recurso de alzada: falso.

2. Recurso potestativo de reposición

Los actos administrativos que pongan fin a la vía administrativa podrán ser recurridos potestativamente en reposición ante el mismo órgano que los hubiera dictado o ser impugnados directamente ante el orden jurisdiccional contencioso-administrativo.

Sabías que

No se podrá interponer recurso contencioso-administrativo hasta que sea resuelto expresamente o se haya producido la desestimación presunta del recurso de reposición interpuesto.

3. Recurso extraordinario de revisión

Contra los actos firmes en vía administrativa podrá interponerse el recurso extraordinario de revisión ante el órgano administrativo que los dictó, que también será el competente para su resolución, cuando concurra alguna de las circunstancias siguientes:

- Que al dictarlos se hubiera incurrido en error de hecho, que resulte de los propios documentos incorporados al expediente.
- Que aparezcan documentos de valor esencial para la resolución del asunto que, aunque sean posteriores, evidencien el error de la resolución recurrida.
- Que en la resolución hayan influido esencialmente documentos o testimonios declarados falsos por sentencia judicial firme, anterior o posterior a aquella resolución.
- Que la resolución se hubiese dictado como consecuencia de prevaricación, cohecho, violencia, maquinación fraudulenta u otra conducta punible y se haya declarado así en virtud de sentencia judicial firme.

Secretaría General Técnica

CONSEJERÍA DE TRANSPORTES, MOVILIDAD E INFRAESTRUCTURAS

Comunidad de Madrid

Etiqueta del Registro

Recurso Extraordinario de Revisión

1.- Datos de el/la recurrente:

NIF/NIE		Apellidos							
Nombre/Razón Social									
Correo electrónico		País	ESPAÑA						
Dirección	Tipo vía		Nombre vía		Nº				
Piso		Puerta		CP		Localidad	Madrid	Provincia	Madrid
Fax		Teléfono Fijo		Teléfono Móvil					

2.- Datos de el/la representante:

NIF/NIE		Apellidos			
Nombre/Razón Social		Correo electrónico			
Fax		Teléfono Fijo		Teléfono Móvil	

3.- Medio de notificación:

○	Deseo ser notificado/a de forma telemática (sólo para usuarios dados de alta en el Sistema de Notificaciones Telemáticas de la Comunidad de Madrid)								
○	Deseo ser notificado/a por correo certificado								
	Tipo de vía		Nombre vía		Nº				
	Piso		Puerta		CP		Localidad	Madrid	Provincia Madrid

4.- Documentación que adjunta:

5.- Datos de la resolución o acto que se recurre:

Órgano que resolvió			
Fecha de resolución		Fecha de notificación	
Acto recurrido			
Materia o tipo de expediente			
Nº de referencia del expediente			

SOLICITO QUE SE TENGA POR INTERPUESTO RECURSO EXTRAORDINARIO DE REVISIÓN CONTRA LA RESOLUCIÓN O ACTO NOTIFICADO Y, REALIZADOS LOS TRÁMITES OPORTUNOS, SE ESTIME EL PRESENTE RECURSO Y SE ANULE LA RESOLUCIÓN RECURRIDA.

Página 1 de 3 Modelo: 1783F3

Figura 6.8. Modelo de recurso extraordinario de revisión. *(Fuente: www.madrid.org.)*

6.5. Actos recurribles

Contra las resoluciones y los actos de trámite, si estos últimos deciden directa o indirectamente el fondo del asunto, determinan la imposibilidad de continuar el procedimiento, producen indefensión o perjuicio irreparable a derechos e intereses legítimos, podrán interponerse por los interesados los recursos de alzada y potestativo de reposición, que cabrá fundar en cualquiera de los motivos de nulidad o anulabilidad previstos en la Ley 39/2015 del Procedimiento Administrativo Común de las Administraciones públicas. Contra las disposiciones administrativas de carácter general no cabrá recurso en vía administrativa.

6.5.1. Nulidad y anulabilidad

Se entiende que un acto administrativo es nulo cuando es ineficaz por sí mismo, por lo que no tiene efectos jurídicos desde el primer momento sin necesidad de que sea impugnado por nadie.

Por otra parte, la anulabilidad tiene unos efectos más reducidos: exclusivamente los afectados por un acto anulable pueden solicitar la declaración de nulidad dentro de un determinado plazo, transcurrido el cual el acto se considera consentido y se convierte en firme.

Revisión de disposiciones y actos nulos

Las Administraciones públicas, en cualquier momento, por iniciativa propia o a solicitud del interesado, y previo dictamen favorable del Consejo de Estado u órgano consultivo equivalente de la comunidad autónoma, si lo hubiere, declararán de oficio la nulidad de los actos administrativos que hayan puesto fin a la vía administrativa o que no hayan sido recurridos en plazo, en los supuestos previstos legalmente.

Asimismo, en cualquier momento, las Administraciones públicas de oficio, y previo dictamen favorable del Consejo de Estado u órgano consultivo equivalente de la comunidad autónoma si lo hubiere, podrán declarar la nulidad de las disposiciones administrativas en los supuestos establecidos.

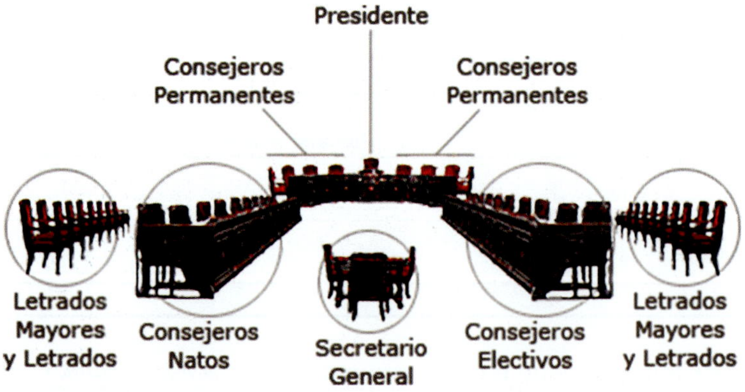

Figura 6.9. Pleno del Consejo de Estado. *(Fuente: www.consejo-estado.es.)*

Las Administraciones públicas, al declarar la nulidad de una disposición o acto, podrán establecer, en la misma resolución, las indemnizaciones que proceda reconocer a los interesados.

6.6. Jurisdicción contencioso-administrativa

Los juzgados y tribunales del orden contencioso-administrativo conocerán de las pretensiones que se deduzcan en relación con la actuación de las Administraciones públicas sujeta al derecho administrativo, con las disposiciones generales de rango inferior a la ley y con los decretos legislativos cuando excedan los límites de la delegación. Se entenderá a estos efectos por Administraciones públicas:

- La Administración General del Estado.
- Las Administraciones de las comunidades autónomas.
- Las entidades que integran la Administración local.
- Las entidades de derecho público que sean dependientes o estén vinculadas al Estado, las comunidades autónomas o las entidades locales.

Actividad propuesta 6.3. Administración local

¿Qué entidades integran la Administración local?

6.6.1. Estructura y órganos

El orden jurisdiccional contencioso-administrativo se halla integrado por los siguientes órganos:

- Juzgados de lo contencioso-administrativo.
- Juzgados centrales de lo contencioso-administrativo.
- Salas de lo contencioso-administrativo de los Tribunales Superiores de Justicia.
- Sala de lo contencioso-administrativo de la Audiencia Nacional.
- Sala de lo contencioso-administrativo del Tribunal Supremo.

Los órganos del orden jurisdiccional contencioso-administrativo que fueren competentes para conocer de un asunto lo serán también para todas sus incidencias y para hacer ejecutar las sentencias que dictaren.

Figura 6.10. Dirección de la Sala de lo Contencioso-Administrativo del Tribunal Superior de Justicia de Madrid. *(Fuente: www.poderjudicial.es.)*

Procedimiento abreviado

Los juzgados de lo contencioso-administrativo y, en su caso, los juzgados centrales de lo contencioso-administrativo de este orden jurisdiccional conocen, por el procedimiento abreviado, de los asuntos de su competencia que se susciten sobre cuestiones de personal al servicio de las Administraciones públicas, sobre extranjería y sobre inadmisión de peticiones de asilo político, asuntos de disciplina deportiva en materia de dopaje, así como todas aquellas cuya cuantía no supere los 30 000 euros.

6.7. Contratos administrativos. Concepto y clases

La Ley de Contratos del Sector Público (LCSP) tiene por objeto regular la contratación del sector público, a fin de garantizar que la misma se ajusta a los principios de libertad de acceso a las licitaciones, publicidad y transparencia de los procedimientos, y no discriminación e igualdad de trato entre los licitadores; y de asegurar, en conexión con el objetivo de estabilidad presupuestaria y control del gasto, y el principio de integridad, una eficiente utilización de los fondos destinados a la realización de obras, la adquisición de bienes y la contratación de servicios mediante la salvaguarda de la libre competencia y la selección de la oferta económicamente más ventajosa.

Para saber más

En toda contratación pública se incorporarán de manera transversal y preceptiva criterios sociales y medioambientales siempre que guarden relación con el objeto del contrato, en la convicción de que su inclusión proporciona una mejor relación calidad-precio en la prestación contractual, así como una mayor y mejor eficiencia en la utilización de los fondos públicos. Igualmente se facilitará el acceso a la contratación pública de las pequeñas y medianas empresas, así como de las empresas de economía social.

6.7.1. Clasificación de los contratos

Los contratos de obras, concesión de obras, concesión de servicios, suministro y servicios que celebren las entidades pertenecientes al sector público se calificarán de acuerdo con las normas contenidas en la presente sección. Los restantes contratos del sector público se calificarán según las normas de derecho administrativo o de derecho privado que les sean de aplicación.

1. Contrato de obras

Son contratos de obras aquellos que tienen por objeto uno de los siguientes:

- La ejecución de una obra, aislada o conjuntamente con la redacción del proyecto, o la realización de alguno de los trabajos enumerados en el Anexo I de la LCSP.
- La realización, por cualquier medio, de una obra que cumpla los requisitos fijados por la entidad del sector público contratante que ejerza una influencia decisiva en el tipo o el proyecto de la obra.

Figura 6.12. Agencia de Obra Pública de la Junta de Andalucía. *(Fuente: www.aopandalucia.es.)*

Por **obra** se entenderá el resultado de un conjunto de trabajos de construcción o de ingeniería civil, destinado a cumplir por sí mismo una función económica o técnica, que tenga por objeto un bien inmueble. También se considerará obra la realización de trabajos que modifiquen la forma o sustancia del terreno o de su vuelo, o de mejora del medio físico o natural.

Los contratos de obras se referirán a una obra completa, entendiendo por esta la susceptible de ser entregada al uso general o al servicio correspondiente, sin perjuicio de las ampliaciones de que posteriormente pueda ser objeto, y comprenderá todos y cada uno de los elementos que sean precisos para la utilización de la obra.

2. Contrato de concesión de obras

La concesión de obras es un contrato que tiene por objeto la realización de una obra, incluyéndose las de restauración y reparación de construcciones ya existentes, así como la conservación y mantenimiento de los elementos construidos. La contraprestación a favor del concesionario consiste únicamente en el derecho a explotar la obra, o bien que en ese derecho se le acompaña el percibir un precio. Un ejemplo es el del contrato cuyo objeto sea construir y explotar una autopista. En este caso, se construye la autopista y, además, se percibe un precio por parte de los usuarios de esta en forma de peaje.

El contrato de concesión de obras podrá también prever que el concesionario esté obligado a proyectar, ejecutar, conservar, reponer y reparar aquellas obras que sean accesorias o estén vinculadas con la principal y que sean necesarias para que esta cumpla la finalidad determinante de su construcción y que permitan su mejor funcionamiento y explotación, así como a efectuar las actuaciones ambientales relacionadas con las mismas que en el contrato se prevean.

3. Contrato de concesión de servicios

El contrato de concesión de servicios es aquel en cuya virtud uno o varios poderes adjudicadores encomiendan a título oneroso a una o varias personas, naturales o jurídicas, la gestión de un servicio cuya prestación sea de su titularidad o competencia, y cuya contrapartida venga constituida bien por el derecho a explotar los servicios objeto del contrato o bien por dicho derecho acompañado del de percibir un precio. Se trata de servicios prestados a los ciudadanos.

Actividad resuelta 6.4. Contratos del sector público

Indica cuáles son los trabajos cuya realización, de acuerdo con el Anexo I de la Ley de Contratos del Sector Público, se consideran objeto del contrato de obras.

Solución:

BOLETÍN OFICIAL DEL ESTADO
LEGISLACIÓN CONSOLIDADA

Disposición final decimoquinta. *Modificación de la Ley 40/2015, de 1 de octubre, de Régimen Jurídico del Sector Público.*

Se modifica la Ley 40/2015, de 1 de octubre, de Régimen Jurídico del Sector Público, que queda redactada como sigue:

Uno. El segundo párrafo del apartado 1 del artículo 82, que queda redactado en los siguientes términos:

> «La integración y gestión de dicho Inventario y su publicación dependerá de la Intervención General de la Administración del Estado.»

Dos. El último párrafo del apartado 2 del artículo 84, que queda redactado en los siguientes términos:

> «Lo dispuesto en este apartado no será de aplicación a la participación del Estado en organismos internacionales o entidades de ámbito supranacional, ni a la participación en los organismos de normalización y acreditación nacionales o en sociedades creadas al amparo de la Ley 27/1984, de 26 de julio, sobre reconversión y reindustrialización.»

Disposición final decimosexta. *Entrada en vigor.*

La presente Ley entrará en vigor a los cuatro meses de su publicación en el «Boletín Oficial del Estado».

No obstante, la letra a) del apartado 4 del artículo 159 y la letra d) del apartado 2 del artículo 32, lo harán a los diez meses de la citada publicación; y los artículos 328 a 334, así como la disposición final décima, que lo harán al día siguiente de la referida publicación.

El tercer párrafo del apartado 1 del artículo 150 entrará en vigor en el momento en que lo haga la disposición reglamentaria a la que se refiere el mismo.

Por tanto,

Mando a todos los españoles, particulares y autoridades, que guarden y hagan guardar esta ley.

Madrid, 8 de noviembre de 2017.

FELIPE R.

El Presidente del Gobierno,
MARIANO RAJOY BREY

ANEXO I

Trabajos contemplados en el artículo 13

En caso de diferentes interpretaciones entre CPV y NACE, se aplicará la nomenclatura CPV.

NACE Rev.2 (1)					Código CPV
Sección F			Construcción		
División	Grupo	Clase	Descripción	Observaciones	
45			Construcción.	Esta división comprende: – las construcciones nuevas, obras de restauración y reparaciones corrientes.	45000000
	45,1		Preparación de obras.		45100000
		45,11	Demolición de inmuebles; movimientos de tierras.	Esta clase comprende: – la demolición y el derribo de edificios y otras estructuras, – la limpieza de escombros, – los trabajos de movimiento de tierras: excavación, rellenado y nivelación de emplazamientos de obras, excavación de zanjas, despeje de rocas, voladuras, etc., – la preparación de explotaciones mineras: – obras subterráneas, despeje de montera y otras actividades de preparación de minas. Esta clase comprende también: – el drenaje de emplazamientos de obras, – el drenaje de terrenos agrícolas y forestales.	45110000

Página 250

Actividad propuesta 6.5. Concesión de servicios

Indica tres casos de contratos de concesión de servicios de la zona en la que resides.

Figura 6.13. Concesión del servicio de transporte público. *(Fuente: www.navarra.es.)*

4. Contrato de suministro

Son contratos de suministro los que tienen por objeto la adquisición, el arrendamiento financiero, o el arrendamiento, con o sin opción de compra, de productos o bienes muebles. Con carácter general, no tendrán la consideración de contrato de suministro los contratos relativos a propiedades incorporales o valores negociables.

En todo caso, se considerarán contratos de suministro los siguientes:

- Aquellos en los que el empresario se obligue a entregar una pluralidad de bienes de forma sucesiva y por precio unitario sin que la cuantía total se defina con exactitud al tiempo de celebrar el contrato, por estar subordinadas las entregas a las necesidades del adquirente. Sería el supuesto de un contrato mediante el que una empresa se compromete a entregar todo el material de oficina que pueda requerir una determinada consejería.
- Los que tengan por objeto la adquisición y el arrendamiento de equipos y sistemas de telecomunicaciones o para el tratamiento de la información, sus dispositivos y programas, y la cesión del derecho de uso de estos últimos, en cualquiera de sus modalidades de puesta a disposición, a excepción de los contratos de adquisición de programas de ordenador desarrollados a medida, que se considerarán contratos de servicios.
- Los de fabricación, por los que la cosa o cosas que hayan de ser entregadas por el empresario deban ser elaboradas con arreglo a características peculiares fijadas previamente por la entidad contratante, aun cuando esta se obligue a aportar, total o parcialmente, los materiales precisos.
- Los que tengan por objeto la adquisición de energía primaria o energía transformada.

5. Contrato de servicios

Son contratos de servicios aquellos cuyo objeto son prestaciones de hacer consistentes en el desarrollo de una actividad o dirigidas a la obtención de un resultado distinto de una obra o suministro, incluyendo aquellos en que el adjudicatario se obligue a ejecutar el servicio de forma sucesiva y por precio unitario. No podrán ser objeto de estos contratos los servicios que impliquen ejercicio de la autoridad propia de los poderes públicos, como sería el caso de las actividades policiales.

Como ejemplos de servicios cabe citar el de limpieza de las oficinas o el de mantenimiento de los equipos de calefacción y aire acondicionado de un ayuntamiento. A diferencia del contrato de concesión de servicios, los ciudadanos no son los receptores del servicio, sino que lo son directamente las Administraciones públicas.

Mapa conceptual

- **Las relaciones entre administrado y Administración pública**
  - El acto administrativo. Concepto
    - Se trata de cualquier declaración de voluntad, deseo, conocimiento o juicio realizada por una Administración pública. Puede ser de oficio (es decir, por propia iniciativa) o a instancia del interesado. Se producirá por el órgano competente ajustándose a los requisitos y al procedimiento establecido
      - Clases
        - Documentos de cesión — Incluyen una declaración de voluntad de un órgano administrativo
        - Documentos de transmisión — Son los que comunican act
        - Documentos de constancia — Su objetivo es acreditar determinados actos
        - Documentos de juicio — Incluyen una declaració de juicio de un órgano administrativo, persona o entidad pública o privad
      - Notificación — Condiciones generales para la práctica de las notificaciones
      - Actos nulos y anulables — Declaración de lesividad de actos anulable
      - Obligaciones de resolver
  - Procedimiento administrativo
    - Vía formal de los actos en que se concreta la actuación administrativa
      - Tipos — En función de su actividad / De acuerdo a su finalidad / Teniendo en cuenta los plazos de su desarro
      - Fases — Iniciación, ordenación, instrucción, finalización, resolución, desistimiento y renuncia y caducidad
  - Silencio administrativo
    - La Administración está obligada a dictar resolución expresa y a notificarla
  - Recursos administrativos
    - Acto en el que un sujeto solicita a la Administración que revise una determinada resolución administrativa
      - Fin de la vía administrativa
      - Tipos de recursos administrativos — Alzada / De reposición / Extraordinario de revisión
  - Actos recurribles
    - Nulidad y anulabilidad
      - Revisión de disposiciones y actos rulos
  - Jurisdicción contencioso-administrativa
    - Estructura y órganos
      - Juzgados de lo contencioso-administrativo
      - Juzgados centrales de lo contencioso-administrativo
      - Sala de lo contencioso-administrativo de los Tribunales Superiores de Justicia
      - Sala de lo contencioso-administrativo de la Audiencia Nacional
      - Sala de lo contencioso-administrativo del Tribunal Supremo
    - Recursos contencioso-administrativos
      - Procedimiento abreviado
  - Contratos administrativos. Concepto y clases
    - Clasificación de los contratos
      - Contrato de obras
      - Contrato de concesión de obras
      - Contrato de concesión de servicios
      - Contrato de suministro

LEE Y REFLEXIONA

Lee el artículo «Una pareja de agentes de la Guardia Urbana de Barcelona patrulla por La Rambla», publicado por www.elmundo.es el 11 de noviembre de 2016.

El demandante no había pagado 22 sanciones por no estacionar correctamente entre 2003 y 2007

Una pareja de agentes de la Guardia Urbana de Barcelona patrulla por La Rambla. *(Fuente: El Mundo.)*

El Juzgado Contencioso Administrativo número 2 de Barcelona ha anulado una diligencia de embargo del Ayuntamiento de Barcelona para quedarse más de 3000 euros de un conductor que fue sancionado con 22 multas por aparcamiento entre 2003 y 2007. El Consistorio solo podrá cobrar una de esas multas, por un importe de unos 240 euros, que el juzgado no considera que haya prescrito, como ha pasado con el resto, según la sentencia. El conductor, socio de la organización Automovilistas Europeos Asociados (AEA) que se ha encargado de su defensa jurídica, presentó un recurso contra dos resoluciones del Ayuntamiento de 2013 y 2014 que ordenaban el embargo de más de 3000 euros de sus cuentas por no abonar las sanciones.

El recurrente consideraba que había «prescrito el derecho de la Administración a exigir el pago de la deuda, habida cuenta que se trata de percibir el importe de multas de tráfico por infracciones cometidas entre 6 y 11 años». Además, recordó que «para las infracciones cometidas antes del 24 de mayo de 2010 ese plazo era de un año», por el cambio normativo, por lo que no se podía cobrar la deuda «sin que puedan tener efectos interruptivos de dicha prescripción las notificaciones de los requerimientos de información para el embargo que de forma sucesiva se han ido remitiendo por el Ayuntamiento».

La sentencia destaca que existe un informe de la Cap del Departament del Contencios, Devolucions i Reclamacions de Tributs del Ayuntamiento de Barcelona que especifica las gestiones realizadas durante once años para el cobro de las sanciones impagadas. En este documento se explica que se enviaron numerosos requerimientos de información al recurrente para que abonase las multas en los 21 expedientes de sanción, aunque «debe concluirse que, en efecto, son todos ellos de contenido idéntico y se han remitido a los solos efectos de intentar que no opere la prescripción».

Actividades finales

De aplicación

6.13. ¿Qué orden jurisdiccional conocerá de las pretensiones que se deduzcan en relación con la actuación de las Administraciones públicas sujeta al derecho administrativo?

6.14. ¿A quién habrá de notificar las resoluciones y actos administrativos el órgano que las dicte?

a) A los interesados cuyos derechos e intereses sean afectados por aquellos.

b) A los ciudadanos que hubiesen expresado su voluntad de recibir la notificación.

6.15. ¿Qué medios se emplearán, en general, para producir actos administrativos?

6.16. ¿Cómo se define el contrato de concesión de servicios?

6.17. ¿Cómo se definen los documentos de constancia?

6.18. ¿Qué órganos integran el orden jurisdiccional contencioso-administrativo?

6.19. ¿Qué efectos tiene la desestimación por silencio administrativo?

6.20. ¿De qué asuntos conocerán los juzgados y tribunales del orden contencioso-administrativo?

6.21. ¿Qué datos deberá contener toda notificación?

6.22. ¿Cuáles son las principales fases del procedimiento administrativo?

6.23. ¿Qué debe expresar la interposición de un recurso?

6.24. ¿En qué consistirá la resolución de una administración pública en el caso de desistimiento de la solicitud?

De ampliación

6.25. La Ley 40/2015 de Régimen Jurídico del Sector Público regula la prescripción sancionadora. Busca el artículo concreto en que se regula esta materia y responde a las siguientes preguntas:

- ¿Cuándo comenzará a contarse el plazo de prescripción de las sanciones?
- ¿Cuándo prescribirán las infracciones graves?
- ¿Cuándo comenzará a contarse el plazo de prescripción de las infracciones?

6.26. Busca en internet la relación de procedimientos de competencia de la comunidad autónoma en la que resides.

6.27. ¿Qué significa que un procedimiento se inicie de oficio?

6.28. Indica la estructura de la jurisdicción contencioso-administrativa existente en tu comunidad autónoma.

6.29. Busca un modelo de recurso administrativo que sea ofrecido por una Administración pública en su página web.

Unidad 7

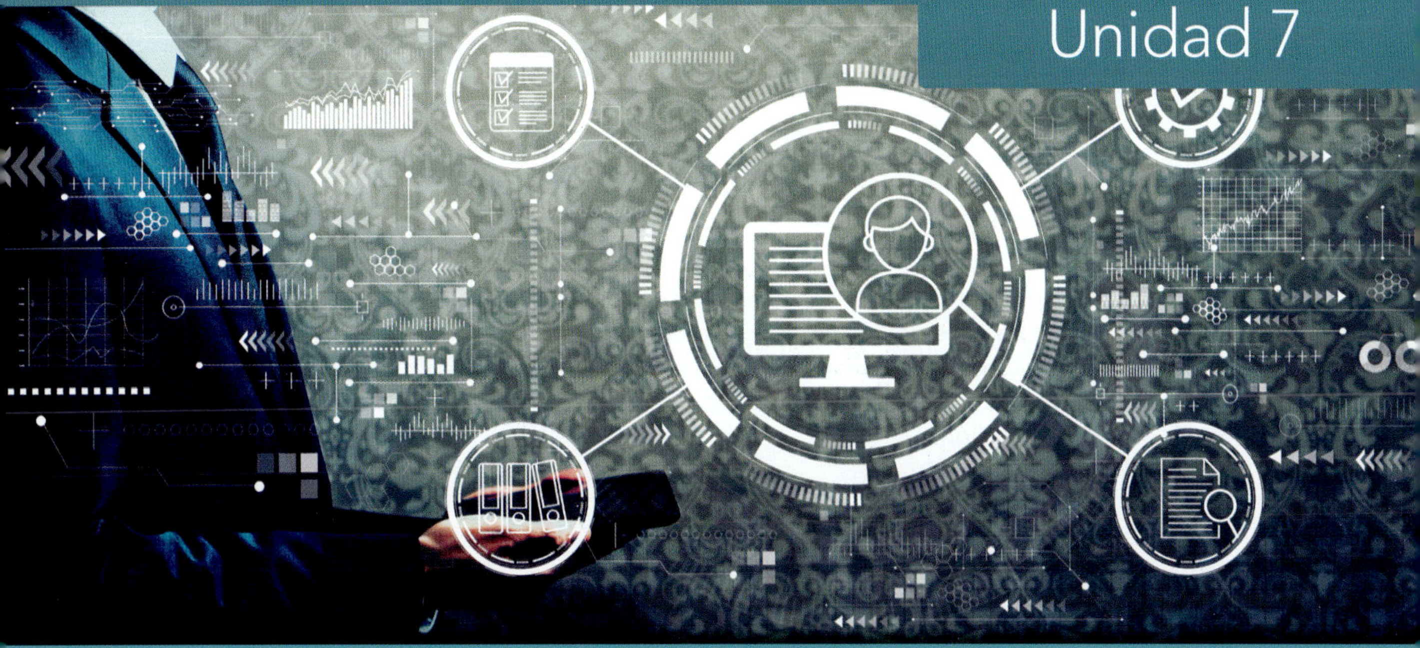

GESTIÓN DE LA DOCUMENTACIÓN ANTE LA ADMINISTRACIÓN PÚBLICA

Contenidos

Objetivos

- Conocer los principales documentos empleados en la gestión administrativa.
- Entender las clases de archivos públicos existentes.
- Saber el funcionamiento de los registros públicos.
- Comprender la extensión y los límites del derecho a obtener información pública.
- Estudiar las bases de la relación por vía telemática entre las Administraciones públicas y los administrados.

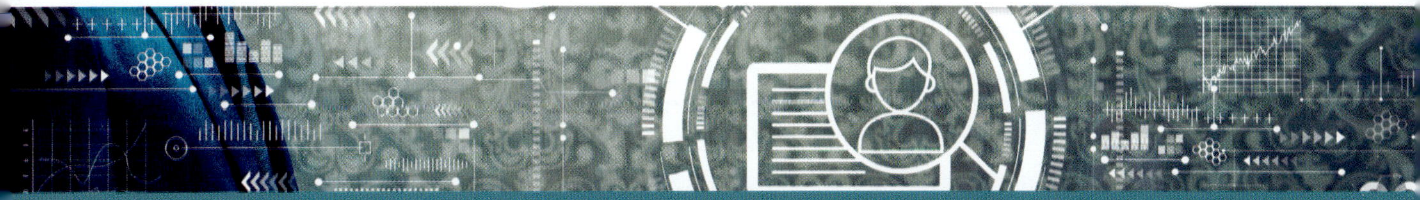

Introducción

Los derechos de los ciudadanos frente a la actuación de las Administraciones públicas se encuentran protegidos a través de una serie de instrumentos, como el sistema de recursos administrativo, el control realizado por jueces y tribunales o a través del procedimiento administrativo, que es la expresión clara de que la Administración pública actúa con sometimiento pleno a la ley y al derecho, como señala el artículo 103 de la Constitución.

7.1. Los documentos en la Administración

Se entiende por **documentos públicos administrativos** los válidamente emitidos por los órganos de las Administraciones públicas. Serán emitidos por escrito a través de medios electrónicos, a menos que la naturaleza del documento exija otra forma más adecuada de expresión y constancia, como es el caso del formato en papel.

Recuerda

No requerirán de firma electrónica los documentos electrónicos emitidos por las Administraciones públicas que se publiquen con carácter meramente informativo (un folleto que contenga las direcciones de los distintos centros de salud de una provincia, por ejemplo), así como aquellos que no formen parte de un expediente administrativo. En todo caso, será necesario identificar el origen de estos documentos.

7.1.1. Validez y eficacia de las copias realizadas por las Administraciones públicas

Tendrán la consideración de copia auténtica de un documento público administrativo o privado las copias realizadas, cualquiera que sea su soporte, por ejemplo en papel, por los órganos competentes de las Administraciones públicas en las que quede garantizada la identidad del órgano que ha realizado la copia y el contenido del documento.

Las copias auténticas tendrán la misma validez y eficacia que los documentos originales.

Sabías que

Las **copias auténticas** de documentos privados tienen únicamente efectos administrativos. Las copias auténticas realizadas por una Administración pública tendrán validez en las restantes Administraciones (así, la realizada por un ayuntamiento es válida en otro ayuntamiento o en una comunidad autónoma).

Los interesados podrán solicitar, en cualquier momento, la expedición de copias auténticas de los documentos públicos administrativos que hayan sido válidamente emitidos por las

Administraciones públicas. La solicitud se dirigirá al órgano que emitió el documento original, debiendo expedirse, en general, en el plazo de quince días a contar desde la recepción de la solicitud en el registro electrónico de la Administración u organismo competente.

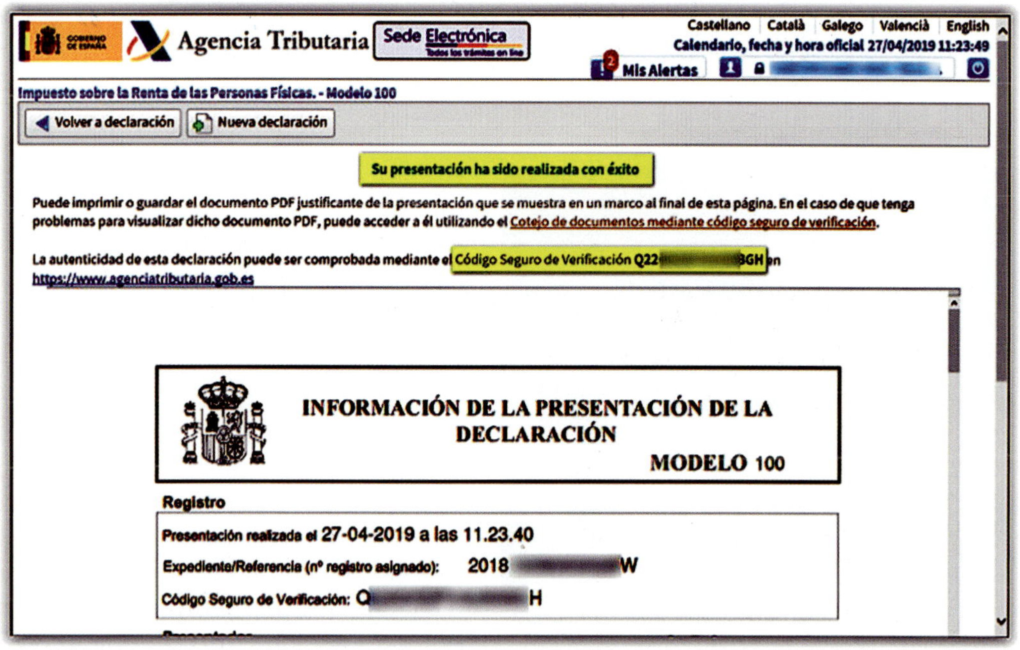

Figura 7.1. Las Administraciones públicas estarán obligadas a expedir copias auténticas electrónicas de cualquier documento en papel que presenten los interesados y que se vaya a incorporar a un expediente administrativo. *(Fuente: Agencia Tributaria.)*

Cuando las Administraciones públicas expidan copias auténticas electrónicas, deberá quedar expresamente así indicado en el documento de la copia.

Actividad propuesta 7.1. Documento público

¿A qué se denomina copia auténtica de un documento público notarial?

7.1.2. Documentos aportados por los interesados al procedimiento administrativo

Los interesados deberán aportar al procedimiento administrativo los datos y documentos exigidos por las Administraciones públicas de acuerdo con lo dispuesto en la normativa aplicable. Asimismo, los interesados podrán aportar cualquier otro documento que estimen conveniente.

Los interesados tienen derecho a no aportar documentos que ya se encuentren en poder de la Administración ante la que está tramitando el procedimiento administrativo o hayan sido elaborados por cualquier otra Administración. Por ejemplo, si solicitas una ayuda a tu ayuntamiento, no será preciso que aportes un documento que el propio ayuntamiento ya posee sobre ti y que debe ser incorporado a ese procedimiento.

Recuerda

Las Administraciones no exigirán a los interesados la presentación de documentos originales, salvo que, con carácter excepcional, la normativa reguladora aplicable establezca lo contrario.

Figura 7.2. Las Administraciones habilitan plataformas para poder acceder a los servicios electrónicos. Se pueden realizar trámites durante las 24 horas de los 365 días al año.*(Fuente: www.valladolid.es.)*

Cuando con carácter excepcional la Administración solicitase al interesado la presentación de un documento original y este estuviera en formato papel, el interesado deberá obtener una copia auténtica con carácter previo a su presentación electrónica.

Excepcionalmente, cuando la importancia del documento en el procedimiento lo requiera o existan dudas de la calidad de la copia, las Administraciones podrán solicitar el cotejo de las copias aportadas por el interesado, para lo que podrán requerir la exhibición del documento o de la información original. Sería el caso de que la copia presentada haga sospechar que exista un documento original que respalde dicha copia.

Las copias que aporten los interesados al procedimiento administrativo tendrán eficacia exclusivamente en el ámbito de la actividad de las Administraciones públicas. Los interesados se responsabilizarán de la veracidad de los documentos que presenten.

7.2. Archivos públicos

El Sistema Español de Archivos previsto en la Ley 16/1985 del Patrimonio Histórico Español comprende el conjunto de órganos, centros, sistemas y medios que, mediante relaciones de cooperación y coordinación, actúan en conjunto con la finalidad de desarrollar los servicios archivísticos para facilitar el acceso de los ciudadanos a los archivos públicos en los términos establecidos en la normativa general.

Se entiende por archivo:

a) El conjunto orgánico de documentos, o el conjunto de varios de ellos, producidos o reunidos por las personas físicas o jurídicas, públicas o privadas.

b) Las entidades que, de acuerdo con las normas internacionales de descripción archivística, comprenden instituciones, personas y familias, que reúnen, conservan, organizan, describen y difunden los conjuntos orgánicos y las colecciones de documentos.

Actividad resuelta 7.1. Sistema Español de Archivos

Señala los archivos que forman parte del Sistema Español de Archivos.

Solución:

Forman parte del Sistema Español de Archivos:

- El Sistema de Archivos de la Administración General del Estado y sus organismos públicos.
- Los sistemas archivísticos autonómicos, provinciales y locales, en función de las relaciones de cooperación, basadas en el principio de voluntariedad, que se establezcan, y sin perjuicio de la aplicación de su respectiva normativa.
- Los archivos de todo tipo de entidades públicas y privadas incorporadas al sistema mediante los correspondientes acuerdos y convenios.

La cooperación archivística comprende los vínculos que, con carácter voluntario, se establecen entre los archivos y los sistemas archivísticos dependientes de las diferentes Administraciones públicas y de todo tipo de entidades o personas físicas para intercambiar información y servicios, conocimientos especializados y medios técnicos, con la finalidad de optimizar los recursos y desarrollar los servicios que prestan los archivos. De este modo, tanto archivos públicos como privados cooperan entre sí para alcanzar objetivos comunes, como desarrollar tecnología o facilitar el acceso a los recursos documentales de los archivos.

El Sistema de Archivos de la Administración General del Estado es el conjunto de sistemas archivísticos departamentales, órganos, archivos y centros de la Administración General del Estado y de sus organismos públicos, que actúan de manera coordinada con la finalidad de garantizar la correcta gestión de los fondos, colecciones, documentos y otras agrupaciones documentales producidos o reunidos en el ejercicio de sus competencias y facilitar el acceso de los ciudadanos a los mismos.

Integran el Sistema de Archivos de la Administración General del Estado los archivos, centros, servicios y, en su caso, sistemas archivísticos de los departamentos ministeriales, y de sus organismos públicos existentes y los que en el futuro puedan crearse reglamentariamente.

7.2.1. Clasificación

Los archivos del Sistema de Archivos de la Administración General del Estado, atendiendo al ciclo vital de los documentos, se clasifican en:

- Archivos de oficina o de gestión.
- Archivos generales o centrales de los ministerios y de los organismos públicos dependientes de los mismos.
- Archivo intermedio.
- Archivos históricos.

1. Archivos de oficina o de gestión

Son aquellos archivos existentes en todos los órganos y unidades administrativas para la custodia de los documentos en fase de tramitación o sometidos a continua utilización y consulta

Figura 7.3. Archivo del Ministerio de Educación y Formación Profesional de España. Los archivos conservan documentos que garantizan los derechos de los ciudadanos u organizaciones en la realización de todo tipo de transacciones. *(Fuente: Luis García, Wikipedia.)*

administrativa. Estos documentos, una vez concluida su tramitación o su etapa de utilización y consulta, serán objeto de transferencia al archivo central del departamento respectivo, de acuerdo con los plazos establecidos durante el proceso de valoración.

2. Archivos generales o centrales de los ministerios

Son aquellos archivos existentes en los ministerios y organismos públicos para la custodia de los documentos, una vez finalizada su tramitación y transcurridos los plazos establecidos por la normativa vigente o en los calendarios de conservación.

3. Archivo intermedio

El archivo intermedio es la institución responsable de la custodia de los documentos generados y reunidos por los diferentes departamentos ministeriales y sus organismos públicos, una vez finalizada su fase activa conforme a lo establecido en los calendarios de conservación. El Archivo General de la Administración es el archivo intermedio de la Administración General del Estado, según la normativa vigente.

Actividad propuesta 7.2. Archivo General de la Administración

Señala la ubicación del Archivo General de la Administración y detalla los servicios que presta a los ciudadanos.

Figura 7.4. Archivo General de la Administración. *(Fuente: www.pares.mcu.es.)*

4. Archivos históricos

Los archivos históricos son las instituciones responsables de la custodia, conservación y tratamiento de los fondos pertenecientes al patrimonio histórico documental español que sean reflejo de la trayectoria de la Administración estatal a lo largo de la historia o que en todo caso resulten altamente significativos por su valor histórico, su singular importancia o su proyección internacional. Son archivos históricos los de titularidad y gestión estatal adscritos al Ministerio de Cultura y Deporte.

El Archivo Histórico Nacional ejerce las funciones de archivo histórico de la Administración General del Estado.

Sus funciones son las siguientes: conservar y proteger el patrimonio histórico documental que ya custodia y el que debería seguir llegando, describir los contenidos informativos de los documentos, y hacer accesible, tanto al investigador como al ciudadano, los fondos documentales, así como potenciar la difusión cultural de estos.

Figura 7.5. Archivo Histórico Nacional. *(Fuente: www.pares.mcu.es.)*

7.3. Registros públicos

Cada Administración dispondrá de un Registro Electrónico General, en el que se hará el correspondiente asiento de todo documento que sea presentado o que se reciba en cualquier órgano administrativo, organismo público o entidad vinculada o dependiente de estos. También se podrá anotar en este registro la salida de los documentos oficiales dirigidos a otros órganos o particulares.

Figura 7.6. Registro de entrada de documentos del Ayuntamiento de Estepona. *(Fuente: ayuntamiento.estepona.es.)*

En la sede electrónica de acceso a cada registro figurará la relación actualizada de trámites que pueden iniciarse en el mismo.

Los asientos se anotarán respetando el orden temporal de recepción o salida de los documentos, e indicarán la fecha del día en que se produzcan. Concluido el trámite de registro, los documentos serán enviados sin retraso a sus destinatarios y a las unidades administrativas correspondientes desde el registro en que hubieran sido recibidos. Por ejemplo, desde el registro general de una comunidad autónoma se remitirán los documentos allí recibidos a las diferentes consejerías de la misma y a las demás Administraciones públicas a las que vayan dirigidos.

Sabías que

El registro electrónico de cada Administración u organismo garantizará la constancia, en cada asiento que se practique, de un número, epígrafe expresivo de su naturaleza, fecha y hora de su presentación, identificación del interesado, órgano administrativo remitente, si procede, y persona u órgano administrativo al que se envía, y, en su caso, referencia al contenido del documento que se registra. Para ello, se emitirá automáticamente un recibo consistente en una copia autenticada del documento de que se trate, incluyendo la fecha y hora de presentación y el número de entrada de registro, así como un recibo acreditativo de otros documentos que, en su caso, lo acompañen, que garantice la integridad y el no repudio de los mismos.

Actividad resuelta 7.2. Presentación de documentos

¿Dónde podrán presentar los interesados los documentos que dirijan a los órganos de las Administraciones públicas?

Solución:

Los documentos que los interesados dirijan a los órganos de las Administraciones públicas podrán presentarse:

- En el registro electrónico de la Administración u organismo al que se dirijan, así como en los restantes registros electrónicos de cualquiera de las Administraciones públicas.
- En las oficinas de Correos, en la forma que reglamentariamente se establezca.
- En las representaciones diplomáticas u oficinas consulares de España en el extranjero.
- En las oficinas de asistencia en materia de registros.
- En cualquier otro lugar que establezcan las disposiciones vigentes.

Los registros electrónicos de todas y cada una de las Administraciones deberán ser plenamente interoperables, de modo que se garantice su compatibilidad informática e interconexión, así como la transmisión telemática de los asientos registrales y de los documentos que se presenten en cualquiera de los registros.

Los documentos presentados de manera presencial ante las Administraciones públicas deberán ser digitalizados por la oficina de asistencia en materia de registros en la que hayan sido presentados para su incorporación al expediente administrativo electrónico, devolviéndose los originales al interesado.

Actividad propuesta 7.3. Administración electrónica

Indica un colectivo que esté obligado a relacionarse con la Administración pública por medios electrónicos para realizar los trámites que procedan.

Podrán hacerse efectiva mediante transferencia dirigida a la oficina pública correspondiente cualquier cantidad que haya que abonar en el momento de la presentación de documentos a las Administraciones públicas, aunque se pueda realizar su abono por otros medios, por ejemplo, mediante ingreso en efectivo.

7.4. Derecho a la información

La transparencia, el acceso a la información pública y las normas de buen gobierno deben ser los ejes fundamentales de toda acción política. Solo cuando la acción de los responsables públicos se somete a revisión, cuando los ciudadanos pueden conocer cómo se toman las decisiones que les afectan, cómo se manejan los fondos públicos o bajo qué criterios actúan nuestras instituciones, podremos hablar del inicio de un proceso en el que los poderes públicos comienzan a responder a una sociedad que es crítica, exigente y que demanda participación de los poderes públicos.

Todas las personas tienen derecho a acceder a la información pública, en los términos previstos en el artículo 105.b) de la Constitución Española: «el acceso de los ciudadanos a los archivos y registros administrativos, salvo en lo que afecte a la seguridad y defensa del Estado, la averiguación de los delitos y la intimidad de las personas».

Para saber más

Se entiende por **información pública** los contenidos o documentos, cualquiera que sea su formato o soporte, que obren en poder de alguno de los sujetos incluidos en el ámbito de aplicación de este título y que hayan sido elaborados o adquiridos en el ejercicio de sus funciones.

La información sujeta a las obligaciones de transparencia será publicada en las correspondientes sedes electrónicas o páginas web y de una manera clara, estructurada y entendible para los interesados.

Toda la información será comprensible, de acceso fácil y gratuito y estará a disposición de las personas con discapacidad en una modalidad suministrada por medios o en formatos adecuados de manera que resulten accesibles y comprensibles, conforme al principio de accesibilidad universal y diseño para todos.

Solicitud de acceso a la información

El procedimiento para el ejercicio del derecho de acceso se iniciará con la presentación de la correspondiente solicitud, que deberá dirigirse al titular del órgano administrativo o entidad que posea la información. Cuando se trate de información en posesión de personas físicas o jurídicas que presten servicios públicos o ejerzan potestades administrativas, la solicitud se dirigirá a la Administración, organismo o entidad a las que se encuentren vinculadas.

Figura 7.7. La información local es la más próxima al ciudadano; por esto es por lo que desde los ayuntamientos se habiliten ventanillas para atender a los vecinos y agilizar la gestión de turnos.

Actividad resuelta 7.3. Solicitudes de información

¿Qué datos habrán de constar en la solicitud de información?

Solución:

La solicitud podrá presentarse por cualquier medio que permita tener constancia de:

- La identidad del solicitante.
- La información que se solicita.
- Una dirección de contacto, preferentemente electrónica, a efectos de comunicaciones.
- En su caso, la modalidad que se prefiera para acceder a la información solicitada.

Recuerda

El solicitante no está obligado a motivar su solicitud de acceso a la información. Sin embargo, podrá exponer los motivos por los que solicita la información y que podrán ser tenidos en cuenta cuando se dicte la resolución. No obstante, la ausencia de motivación no será por sí sola causa de rechazo de la solicitud.

Los solicitantes de información podrán dirigirse a las Administraciones públicas en cualquiera de las lenguas cooficiales del Estado en el territorio en el que radique la Administración en cuestión.

7.4.1. Atención y participación ciudadana

La información administrativa es un cauce adecuado a través del cual los ciudadanos pueden acceder al conocimiento de sus derechos y obligaciones y a la utilización de los bienes y servicios públicos. Debe distinguirse entre dos tipos de informaciones, la general y la particular.

1. **Información general:** es la información administrativa relativa a la identificación, fines, competencia, estructura, funcionamiento y localización de organismos y unidades administrativas; la referida a los requisitos jurídicos o técnicos que las disposiciones impongan a los proyectos, actuaciones o solicitudes que los ciudadanos se propongan realizar; la referente a la tramitación de procedimientos, a los servicios públicos y prestaciones, así como a cualesquiera otros datos que aquellos tengan necesidad de conocer en sus relaciones con las Administraciones públicas, en su conjunto, o con alguno de sus ámbitos de actuación.

   Sería el caso de la información que puedes encontrar en las páginas web de las Administraciones públicas sobre los trámites para obtener una licencia o una beca o la información sobre las direcciones de las oficinas de información al consumidor situadas en una determinada provincia.

   La información general se facilitará obligatoriamente a los ciudadanos, sin exigir para ello la acreditación de legitimación alguna.

   Se utilizarán los medios de difusión que en cada circunstancia resulten adecuados, como es el caso de publicaciones, sistemas telefónicos o cualquier otra forma de comunicación que los avances tecnológicos permitan.

2. **Información particular:** es la referida al estado o contenido de los procedimientos en tramitación, y a la identificación de las autoridades y personal al servicio de las Administraciones públicas bajo cuya responsabilidad se tramiten aquellos procedimientos. Esta información solo podrá ser facilitada a las personas que tengan la condición de interesados en cada procedimiento o a sus representantes legales. Por ejemplo, se trataría del estado de la tramitación de una licencia administrativa de cualquier tipo.

Funciones de atención a la ciudadanía

La atención personalizada al ciudadano comprenderá las funciones siguientes:

- De recepción y acogida a los ciudadanos, para facilitarles la orientación y ayuda que precisen en el momento inicial de su visita, y, en particular, la relativa a la localización de dependencias y funcionarios.
- De orientación e información, cuyo fin es el de ofrecer las aclaraciones y ayudas de índole práctica que los ciudadanos requieren sobre procedimientos, trámites, requisitos y documentación para los proyectos, actuaciones o solicitudes que se propongan realizar, o para acceder al disfrute de un servicio público o beneficiarse de una prestación.
- De gestión, en relación con los procedimientos administrativos, que comprenderá la recepción de la documentación inicial de un expediente cuando así se haya dispuesto reglamentariamente,

así como las actuaciones de trámite y resolución de las cuestiones cuya urgencia y simplicidad demanden una respuesta inmediata.

- De recepción de las iniciativas o sugerencias formuladas por los ciudadanos, o por los propios empleados públicos para mejorar la calidad de los servicios, incrementar el rendimiento o el ahorro del gasto público, simplificar trámites o suprimir los que sean innecesarios, o cualquier otra medida que suponga un mayor grado de satisfacción de la sociedad en sus relaciones con las Administraciones públicas.
- De recepción de las quejas y reclamaciones de los ciudadanos por las tardanzas, desatenciones o por cualquier otro tipo de actuación irregular que observen en el funcionamiento de las dependencias administrativas.
- De asistencia a los ciudadanos en el ejercicio del derecho de petición.

Para saber más

El **derecho de petición** podrá ejercerse ante cualquier institución pública, administración o autoridad, así como ante los órganos de dirección y administración de los organismos y entidades vinculadas o dependientes de las Administraciones públicas, respecto de las materias de su competencia, cualquiera que sea el ámbito territorial o funcional de esta.

Las peticiones podrán versar sobre cualquier asunto o materia comprendida en el ámbito de competencias del destinatario, con independencia de que afecten exclusivamente al peticionario o sean de interés colectivo o general.

Como ejemplos cabe citar el de un grupo de vecinos de un barrio que solicitan de forma conjunta al ayuntamiento que instale un centro social en la zona o el de una AMPA de un IES que pide la ampliación del polideportivo del centro a la Consejería de Educación.

Sabías que

Las **unidades de información administrativa** orientarán a los ciudadanos sobre la naturaleza y el modo de ejercer este derecho, así como sobre las autoridades y órganos a los que hayan de dirigir sus escritos; sin perjuicio de ello, estas unidades deberán elevar a los órganos competentes las peticiones que reciban en las que no figure el destinatario o conste erróneamente.

Participación de los ciudadanos en el procedimiento de elaboración de normas con rango de ley y reglamentos

Otra manifestación de la participación ciudadana se relaciona con la elaboración de normas de rango de ley o reglamentos. Antes de la elaboración del proyecto o anteproyecto de ley o de reglamento, se realizará una consulta pública, a través del portal web de la Administración competente, en la que se recabará la opinión de los sujetos y de las organizaciones más representativas que puedan verse afectados por la futura norma acerca de:

- Los problemas que se pretenden solucionar con la iniciativa.
- La necesidad y oportunidad de su aprobación.
- Los objetivos de la norma.
- Las posibles soluciones alternativas regulatorias y no regulatorias.

Sin perjuicio de la consulta previa a la redacción del texto de la iniciativa, cuando la norma afecte a los derechos e intereses legítimos de las personas, la Administración pública competente publicará el texto en el portal web correspondiente, con el objeto de dar audiencia a los ciudadanos afectados y recabar cuantas aportaciones adicionales puedan hacerse por otras personas o entidades.

Asimismo, podrá también recabarse directamente la opinión de las organizaciones o asociaciones reconocidas por ley que agrupen o representen a las personas cuyos derechos o intereses legítimos se vieren afectados por la norma y cuyos fines guarden relación directa con su objeto; por ejemplo, sindicatos o colegios profesionales.

Podrá prescindirse de los trámites de consulta, audiencia e información públicas previstos en este epígrafe en el caso de normas presupuestarias u organizativas de la Administración General del Estado, la Administración autonómica, la Administración local o de las organizaciones dependientes o vinculadas a estas, o cuando concurran razones graves de interés público que lo justifiquen.

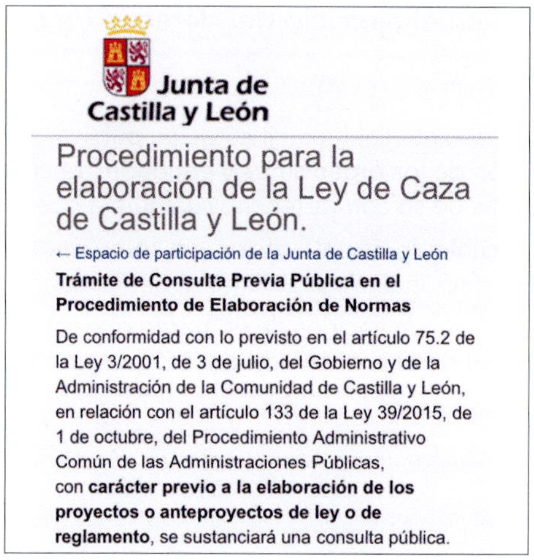

Junta de Castilla y León

Procedimiento para la elaboración de la Ley de Caza de Castilla y León.

← Espacio de participación de la Junta de Castilla y León

Trámite de Consulta Previa Pública en el Procedimiento de Elaboración de Normas

De conformidad con lo previsto en el artículo 75.2 de la Ley 3/2001, de 3 de julio, del Gobierno y de la Administración de la Comunidad de Castilla y León, en relación con el artículo 133 de la Ley 39/2015, de 1 de octubre, del Procedimiento Administrativo Común de las Administraciones Públicas, con **carácter previo a la elaboración de los proyectos o anteproyectos de ley o de reglamento**, se sustanciará una consulta pública.

Figura 7.8. Para recabar la opinión de la sociedad civil en temas trascendentes se habilitan páginas para que la ciudadanía participe enviando su valoración sobre lo que se ha preguntado.
(Fuente: http://www.jcyl.es.)

7.5. Relaciones telemáticas con la Administración pública

Las Administraciones públicas revisarán los procedimientos y trámites aplicables al establecimiento y la prestación de servicios con el objeto de impulsar su simplificación.

Sabías que

A los efectos de acreditar el cumplimiento de los requisitos exigidos para el acceso a una actividad de servicios y su ejercicio, las autoridades competentes aceptarán los documentos procedentes de otro Estado miembro de los que se desprenda que se cumplen tales requisitos. Por ejemplo, si un Estado de la Unión Europea acredita que una maquinaria importada es conforme a la normativa europea, dicha acreditación será válida en el resto de los países comunitarios.

En el caso de documentos emitidos por una autoridad competente, ya sea en España o en otro Estado miembro, no se exigirá, de forma general, la presentación de documentos originales o copias compulsadas ni traducciones juradas.

Todos los procedimientos y trámites que se requieren para el acceso a una actividad de servicios y su ejercicio se podrán realizar electrónicamente y a distancia salvo que se trate de la inspección del lugar o del equipo que se utiliza en la prestación del servicio.

Figura 7.9. En la actualidad, la información general es fácilmente accesible a través de internet y cada vez más personas se relacionan de forma electrónica con las Administraciones públicas. *(Fuente: Ayuntamiento de Campanario.)*

7.5.1. Ventanilla única

Los prestadores de servicios podrán acceder, electrónicamente y a distancia a través de una ventanilla única, tanto a la información sobre los procedimientos necesarios para el acceso a una actividad de servicios y su ejercicio, como a la realización de los trámites preceptivos para ello, incluyendo las declaraciones, notificaciones o solicitudes necesarias para obtener una autorización, así como las solicitudes de inscripción en registros, listas oficiales, asociaciones, colegios profesionales y consejos generales y autonómicos de colegios profesionales. Por ejemplo, una empresa que desee ampliar una nave industrial podrá obtener toda la información que necesite sobre los requisitos legales y el procedimiento administrativo necesario para llevar a cabo esa obra.

La ventanilla única es de gran utilidad en casos tales como la creación de una pequeña empresa por parte de unos emprendedores, dado que les permite realizar los trámites administrativos necesarios para la apertura de esta con mucha más celeridad.

Actividad propuesta 7.4. Ventanilla única

¿Qué actividades deben garantizar las Administraciones públicas que puedan realizar los prestadores de servicios a través de la ventanilla única?

Asimismo, las Administraciones públicas adoptarán las medidas necesarias e incorporarán en sus respectivos ámbitos las tecnologías precisas para garantizar la interoperabilidad de los distintos sistemas.

Figura 7.10. Ventanilla Única Empresarial. *(Fuente: www.camaraburgos.com.)*

Garantías de información a través de la ventanilla única

Las Administraciones públicas adoptarán medidas para que en la ventanilla única pueda accederse a la información contemplada en este apartado en castellano, en las lenguas cooficiales del Estado y en alguna otra lengua de trabajo comunitaria. Se facilitará que los interesados puedan obtener por medios electrónicos y a distancia, en particular a través de las ventanillas únicas de otros Estados miembros de la Unión Europea, el acceso a:

- Información general sobre los requisitos aplicables en los demás Estados miembros al acceso a las actividades de servicios y su ejercicio y, en especial, la información relacionada con la protección de los consumidores.
- Información general sobre las vías de recurso disponibles en caso de litigio entre el prestador y el destinatario en otros Estados miembros.
- Datos de las asociaciones u organizaciones de otros Estados miembros, incluidos los centros de la red de centros europeos de los consumidores, que pueden ofrecer a los prestadores o destinatarios asistencia práctica.

7.5.2. Páginas web oficiales

Las Administraciones públicas disponen de una serie de páginas web que permiten a los ciudadanos obtener información acerca de las actividades que estas desarrollan y relacionarse con ellas. Es importante tener presente que, en cada vez más casos, es obligatorio para muchos administrados relacionarse de forma electrónica con las Administraciones públicas, por lo que la usabilidad y el diseño de estas páginas web son cada vez más relevantes.

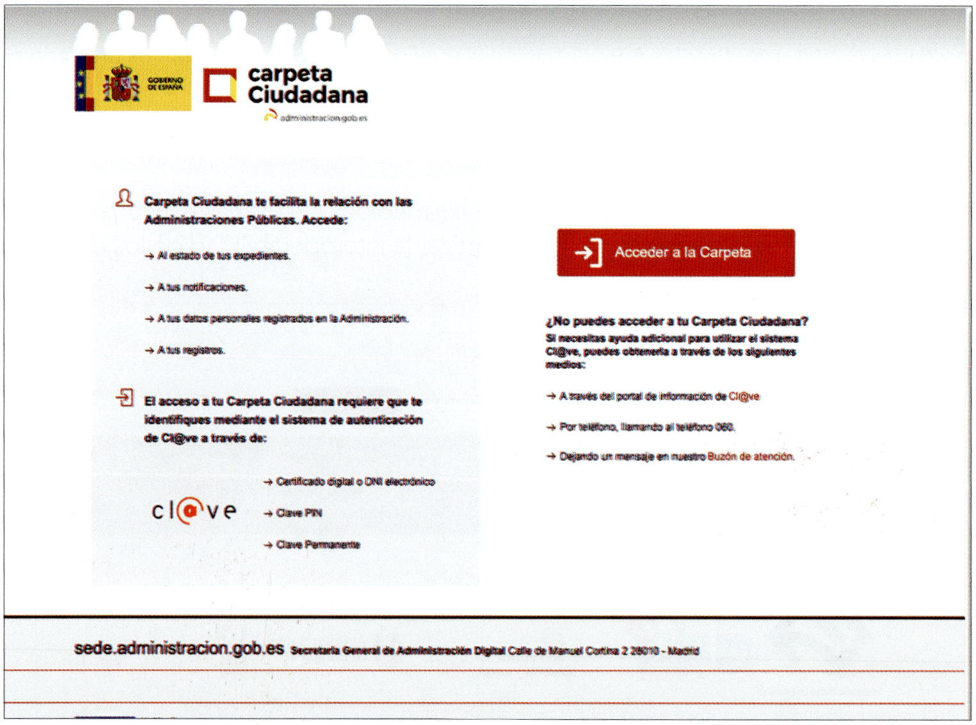

Figura 7.11. Carpeta Ciudadana. *(Fuente: www.sede.administracion.gob.es.)*

Figura 7.12. Relación de páginas web de las Administraciones públicas. *(Fuente: www.sede.administracion.gob.es.)*

Mapa conceptual

- **Gestión de la documentación ante la Administración pública**
  - **Los documentos en la Administración**
    - Son los documentos públicos administrativos válidamente emitidos por los órganos de las Administraciones públicas
      - Tendrán la consideración de copia auténtica de un documento público administrativo o privado las que sean realizadas en cualquier soporte
      - Los interesados deberán aportar al procedimiento administrativo los datos y documentos exigidos por las Administraciones públicas, aunque tienen derech a no aportar documentos que ya se encuentren en poder de la Administración
  - **Archivos públicos**
    - Comprende el conjunto de órganos, centros, sistemas y medios que, mediante relaciones de cooperación y coordinación, actúan conjuntamente con la finalidad de desarrollar los servicios archivísticos
      - Archivos de oficina o de gestión
      - Archivos generales o centrales de los ministerios y de los organismos públicc
      - Archivo intermedio
      - Archivos históricos
  - **Registros públicos**
    - Cada Administración dispondrá de un registro electrónico general de todas y cada una de las Administraciones. Cuando estos sean electrónicos deberán ser plenamente interoperables, de modo que se garantice su compatibilidad informática e interconexión, así como la transmisión telemática de los asientos registrales
  - **Derecho a la información**
    - Todas las personas tienen derecho a acceder a la información pública, en los términos previstos en el artículo 105.b) de la Constitución Española
      - La solicitud de acceso a la información se iniciará con la presentación del documento correspondient dirigida al titular del órgano administrativo
      - Atención y participación ciudadana que representa un cauce mediante el que se puede acceder al conocimiento de los derechos y obligaciones
  - **Relaciones telemáticas con la Administración pública**
    - Ventanilla única
      - Los prestadores de servicios podrán acceder electrónicamente y a distancia a través de una ventanilla única
    - Páginas web oficiales
  - **Límites al derecho de información**
    - El derecho de acceso podrá ser limitado si agrede algunos supuestos establecidos
      - Protección de datos personales
        - En los casos en que la información que se ha indicado no afecte a la totalidad c la información, se concederá el accesc parcial indicando al solicitante qué part de la información se ha omitido
      - Acceso parcial
        - Se concederá el acceso solo a información de datos meramente identificativos relacionados con la organización, funcionamiento o activida pública del órgano

LEE Y REFLEXIONA

Lee el artículo «Amplio apoyo a la publicación de las multas a residencias: "los intereses comerciales no justifican el secretismo"» publicado por www.elpais.es el 22 de octubre de 2019.

Amplio apoyo a la publicación de las multas a residencias: «los intereses comerciales no justifican el secretismo»

La llegada de luz y taquígrafos a las sanciones en Madrid es bienvenida por familias, patronal, trabajadores y oposición.

El compromiso de la Comunidad de Madrid de publicar en internet qué residencias de ancianos son sancionadas por poner en riesgo a los mayores ha recibido este lunes un amplio apoyo por parte de familias, sindicatos y patronal.

El nuevo consejero de Políticas Sociales, Alberto Reyero (Cs), anunció a este periódico que antes de enero los familiares podrán consultar en la web las actas de inspección y sanciones de las residencias madrileñas. Dijo que la medida protegerá los derechos de los mayores y mejorará la calidad de la atención.

La medida supone un giro notable para Madrid, que durante años se ha negado a publicar sanciones o actas de inspección alegando que dañarían la reputación de las empresas. El sector de la comunidad se colocaría a la cabeza de la transparencia en España, según expertos.

Como anticipo del nuevo sistema, la consejería de Reyero facilitó a este periódico una lista de 130 centros de atención a dependientes sancionados en Madrid entre 2014 y 2018. Aproximadamente una de cada cinco residencias madrileñas ha sido sancionada.

Pilar Ramos, Amade, patronal madrileña de pequeñas y medianas residencias. Desde hace tiempo hemos sido partidarios de publicar las actas de inspección. De hecho, hemos echado de la asociación a centros por su mala praxis. Pero es importante no generar alarma. Los datos de sanciones que hemos conocido hoy demuestran que como sector no lo estamos haciendo nada mal. Solo un porcentaje mínimo de residencias son sancionadas.

Miguel Vázquez, portavoz de la asociación de familiares Pladigmare. Nos llama la atención que la mayor parte de las sanciones sean por alimentación, aseo, descanso, higiene u horarios inadecuados. Pero apenas las hay por falta de personal o por su preparación insuficiente, que es uno de los principales problemas. Para nosotros esto viene a corroborar la insuficiencia o la carencia de controles.

Ana González, secretaria de Política Social de Comisiones Obreras de Madrid. Felicitamos que se hayan publicado los datos de sanciones a centros de atención social y residencias, pero no deja de preocuparnos que haya sido a instancia de un medio de comunicación, tras presentar recurso. Esta situación pone de manifiesto la opacidad con la que el PP había venido gestionando las políticas sociales en esta región, cuestión reiteradamente denunciada por CC. OO.

Helen Darbishire, directora de Access Info Europe, organización protransparencia. Es esencial que cualquier información que tiene consecuencia para la salud y el sustento de las personas sea de dominio público. Cuando los derechos fundamentales de las personas están en juego, los intereses comerciales no deberían justificar el secretismo. ¡El público tiene el derecho a saber! Este caso refleja cómo España debería tomar medidas para reconocer el derecho al acceso a la información pública como un derecho fundamental, en línea con los estándares internacionales y la jurisprudencia de la Corte Europea de Derechos Humanos.

Josep de Martí, director del portal Inforesidencias.com y exinspector de residencias. Si la Comunidad de Madrid empieza a publicar las actas de todas las inspecciones a residencias, públicas y privadas, dará un claro paso adelante en lo que a transparencia se refiere. Podremos saber si a todos se les inspecciona por igual y los ciudadanos podrán sacar más utilidad a los impuestos que pagan.

Purificación Causapié, diputada autonómica del PSOE. Nos parece muy positivo que haya transparencia y se responda a esta demanda de las familias que nosotros hemos apoyado desde hace tiempo. Pero por ahora no hemos conocido más detalles que los publicados por EL PAÍS. Esta mañana le hemos pedido más detalles al viceconsejero Javier Luengo, pero no ha avanzado mucho más.

Raúl Camargo, exdiputado de Podemos que presentó un proyecto de ley de residencias. Está bien porque pone datos a lo que es un sentimiento y un clamor en Madrid: que estamos ante un sector que funciona como la ley de la selva. Al menos hemos destapado un poco el ocultamiento, pero en la lista noto que faltan las sanciones a las residencias públicas, como por ejemplo la residencia del Parque Los Frailes de Leganés, que se han visto envueltas en casos de maltrato.

Fuente: https://elpais.com/ccaa/2019/10/21/madrid/1571660692_209834.html

CUESTIONES

A continuación contesta a las siguientes preguntas, explicando y razonando las respuestas:

1. ¿Por qué indica la directora de Access Info Europe que esta información ha de ser de acceso público?
2. ¿Qué ventajas entiende el director de Inforesidencias.com que se derivan de publicar las actas de las inspecciones realizadas?
3. ¿Qué ventajas crees tú que tiene dicha publicación de datos además de las ya indicadas?
4. ¿Qué porcentaje de las residencias de mayores de la Comunidad de Madrid fue sancionado entre los años 2014 y 2018?
5. En la Resolución RT 0440/2019 del Consejo de Transparencia y Buen Gobierno por la que se ordena la publicación de los datos relativos a las residencias de mayores se indica que existe un interés público que justifica la publicidad de los sancionados. Busca la Resolución y señala las dos bases que justifican este interés y que aparecen en la página 7 de la misma.

Actividades finales

De comprobación

7.1. ¿Las copias auténticas tendrán la misma validez que los documentos originales?

a) Sí, pero no su misma eficacia.

b) Sí, y su misma eficacia.

c) No.

7.2. ¿A quién se facilitará la información administrativa general?

a) A los interesados.

b) A los interesados de manera legítima.

c) A los ciudadanos sin exigir para ello la acreditación de legitimación alguna.

7.3. ¿El derecho de acceso podrá ser limitado cuando acceder a la información suponga un perjuicio para las relaciones exteriores o la protección del medioambiente?

a) Sí.

b) Solo respecto a las relaciones exteriores.

c) Solo respecto a la protección del medioambiente.

7.4. ¿Qué archivo ejerce las funciones de archivo histórico de la Administración General del Estado?

a) El Archivo General de la Administración.

b) El Archivo Histórico Nacional.

c) El Archivo Central del Ministerio de la Presidencia.

7.5. ¿En qué artículo de la Constitución se recoge el derecho al acceso a la información pública?

a) 97.

b) 100.

c) 105.

7.6. ¿Qué criterio se seguirá para la anotación de los asientos en un registro público?

a) El de la importancia de los mismos.

b) El que estime más correcto el responsable del registro.

c) El orden temporal de recepción o salida de los documentos.

7.7. ¿Cuándo podrán solicitar los interesados la expedición de copias auténticas de los documentos públicos administrativos que hayan sido válidamente emitidos por las Administraciones públicas?

a) En los diez días posteriores a su emisión.

b) En cualquier momento.

c) En los treinta días posteriores a su emisión.

7.8. ¿Tienen derecho los interesados a no aportar documentos que ya se encuentren en poder de la Administración actuante?

a) Sí.

b) Solo si son documentos privados.

c) Solo si son documentos administrativos.

7.9. ¿Quién es el responsable de la veracidad de los documentos que presenten los interesados ante las Administraciones públicas?

a) Los interesados.

b) La Administración pública que los recibe.

c) El empleado público responsable del registro.

7.10. ¿Las Administraciones públicas estarán obligadas a expedir copias auténticas electrónicas de cualquier documento en papel que presenten los interesados y que se vaya a incorporar a un expediente administrativo?

a) En ningún caso.

b) Sí.

c) Solo si del documento privado no existe copia legalizada.

7.11. ¿Podrá limitarse el derecho de acceso a la información cuando acceder a la información suponga un perjuicio para la política económica y monetaria?

a) Solo en el caso de la política económica.

b) Solo en el caso de la política monetaria.

c) Sí, en ambos casos.

Actividades finales

De aplicación

7.12. ¿Qué se entiende por información pública?

7.13. ¿Qué documentos tendrán la consideración de copia auténtica de un documento público administrativo público o privado?

7.14. ¿Qué datos habrán de constar en la solicitud de información pública?

7.15. ¿Qué derecho se ejerce cuando una asociación de vecinos solicita a la comunidad autónoma la instalación de un centro de salud en su barrio?

7.16. ¿Qué tipo de información administrativa es la que incluye los requisitos normativos necesarios para abrir un *camping*?

7.17. ¿En qué formato se emitirán los documentos públicos administrativos?

7.18. ¿En qué situaciones podrá ser limitado el derecho de acceso a la información?

7.19. ¿En qué lugares podrán presentar los interesados los documentos que dirijan a las Administraciones públicas?

7.20. ¿Los interesados están obligados a aportar documentos que ya se encuentren en poder de la Administración ante la que están tramitando el procedimiento administrativo?

7.21. ¿En algún caso podrá la Administración pública solicitar a los interesados la presentación de documentos originales?

7.22. ¿Cómo se denominan los archivos existentes en todos los órganos y unidades administrativas para la custodia de los documentos en fase de tramitación o sometidos a continua utilización y consulta administrativa?

7.23. ¿Cómo se clasifican, de acuerdo con el ciclo vital de los documentos, los Archivos del Sistema de Archivos de la Administración General del Estado?

De ampliación

7.24. Busca en internet dos servicios de ventanilla única empresarial que existan en tu comunidad autónoma.

7.25. Los ciudadanos tienen el derecho a la participación pública en la elaboración de proyectos normativos. Busca en internet tres procedimientos que se encuentren abiertos en este momento

7.26. Deseas ejercer el derecho de acceso a información pública. Localiza en internet las páginas web de dos Administraciones públicas desde las que pueda solicitarse dicha información.

7.27. ¿A qué se denomina firma electrónica?

7.28. Indica los distintos trámites que se pueden realizar desde la sede electrónica de tres organismos públicos.

Unidad 8

ADMINISTRACIÓN PÚBLICA. LA ADMINISTRACIÓN DEL ESTADO

Contenidos

Objetivos

- Reflexionar sobre el papel que desempeña la Constitución en la organización del Estado.
- Comprender la estructura de la Administración Central del Estado.
- Identificar los órganos que componen la Administración Central del Estado.
- Analizar las funciones de los principales órganos que forman la Administración Central del Estado.

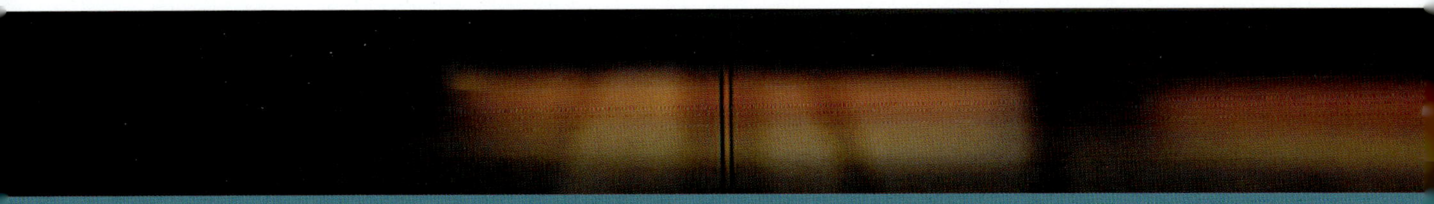

Introducción

La Administración pública es el instrumento que tiene el Gobierno de España para llevar a la práctica su programa político.

En la actualidad, el conjunto de las Administraciones públicas que coexisten, según sea su ámbito estatal, autonómico, municipal…, ha ido creciendo progresivamente y se ha extendido por todos los campos que determinan la vida, como la educación, la sanidad, las relaciones laborales, etc. En consecuencia, se ha ido creando un entramado complejo de instituciones y organismos públicos que es necesario ordenar para comprenderlos mejor.

Por ello, para que el aumento de las actuaciones administrativas no invada ni lesione la esfera privada de los ciudadanos, la Constitución ha previsto que la Administración ordene sus actos mediante los principios jurídicos de **eficacia, objetividad, coordinación** y **jerarquía,** entre otros, para hacer posible una prestación de servicios a los ciudadanos de mejor calidad y para garantizar los derechos fundamentales de todos.

8.1. La Administración central

La Administración General del Estado es una organización pública. Es el instrumento que tiene el Gobierno para desarrollar e implementar sus políticas o prestar sus servicios.

La Administración sería como el brazo ejecutor de los fines del Estado, de manera que el propio Estado es acción, y es por eso por lo que entabla relaciones jurídicas con otras personas, fundamentalmente con los ciudadanos. Es la Administración la que hace, la que obra y la que actúa teniendo en cuenta siempre el **interés general,** es decir, el interés de todos los ciudadanos por encima de los intereses particulares.

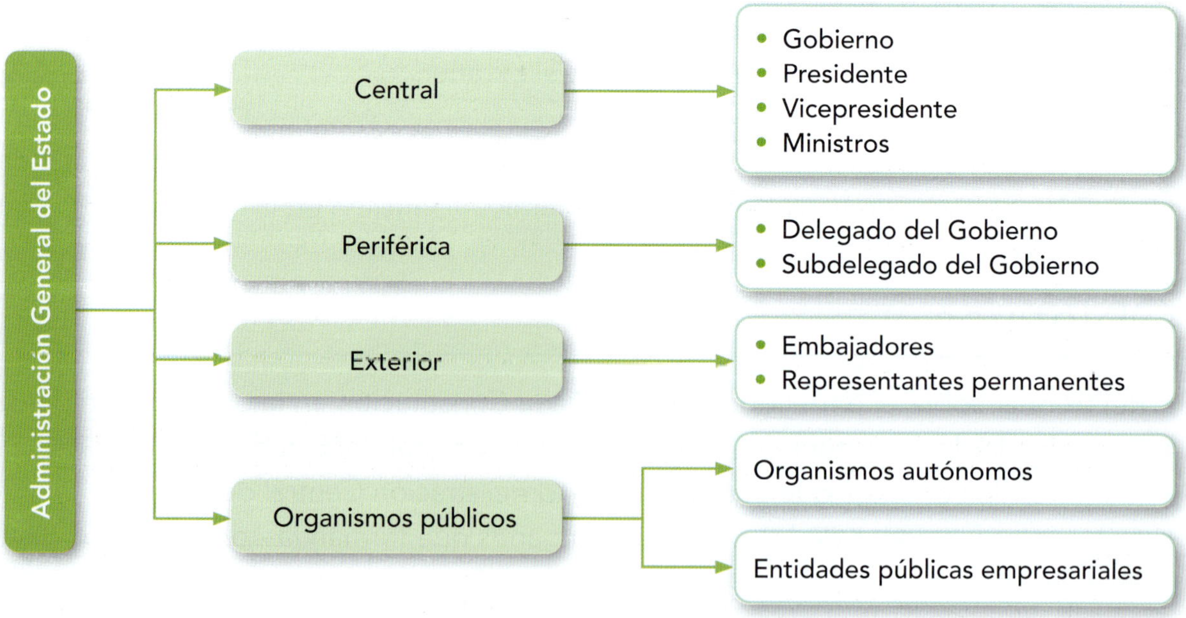

Figura 8.1. Esquema de la Administración General del Estado español.

8.2. Principios constitucionales de la actuación administrativa

Es el Gobierno de la nación quien dirige la Administración General del Estado. Además, no puede actuar de forma indiscriminada, ya que responde de su gestión política ante los representantes de los ciudadanos: el Congreso y el Senado.

La Administración General del Estado está al servicio del Gobierno elegido en cada momento, con independencia de su color político. La referencia constitucional más importante aparece en el artículo 103.1.

Para saber más

Artículo 103.1

«La Administración pública sirve con objetividad los intereses generales y actúa de acuerdo con los principios de eficacia, jerarquía, descentralización, desconcentración y coordinación, con sometimiento pleno a la ley y al derecho».

Sabías que

La objetividad en la actuación administrativa se puede considerar como sinónimo de imparcialidad. Es decir, que no se genere desigualdad entre los ciudadanos.

Seguidamente se analizan todos los principios que enumera la constitución.

1. Principio de eficacia

La eficacia equivale a la buena gestión que se origina de una proporcionalidad entre los medios económicos, materiales... y los objetivos que tiene la Administración con la obtención de unos resultados previstos. Es decir, si la Administración dedica unos medios económicos y materiales para la detección del cáncer, esos medios tienen que traducirse en campañas reales dirigidas a los ciudadanos, como revisiones semestrales o anuales, analíticas, etc. Si el fin primordial de la Administración es la satisfacción del interés general, su grado de cumplimiento es la referencia indispensable.

Actividad resuelta 8.1. El principio de eficacia en la práctica

En un hospital público se ha producido un error con un paciente. Se le suministró una medicación que era para otro enfermo. Como consecuencia de este error, el paciente ha sufrido diversos daños que han agravado su salud. ¿Qué acciones podría tomar el paciente o su familia contra el hospital?

Solución:

Si se prueba que este servicio ha funcionado mal, el ciudadano puede reclamar una indemnización, el despido del funcionario que ha actuado de forma negligente, o incluso que se le prive de libertad (responsabilidad penal) si el error tiene el resultado de muerte o lesiones graves para el enfermo.

2. Principio de jerarquía

Para que la Administración pueda actuar eficazmente, es necesario ordenar de forma jerárquica la cantidad de órganos existentes. Los órganos superiores dirigen, marcan la forma de realización de las tareas y fiscalizan la conducta de los inferiores. Pero este principio de jerarquía también genera responsabilidad de los órganos superiores, ya que son responsables de que la Administración funcione correctamente.

3. Principio de descentralización

La descentralización consiste en el traspaso de funciones de una Administración a otra, siempre que ello implique también la transferencia efectiva del poder de decisión para que pueda ser ejercido por la entidad destinataria de las competencias. Con este principio lo que se busca es la aproximación de la Administración a los administrados.

Se puede distinguir entre una descentralización territorial y una funcional.

La primera surge cuando una Administración descentraliza competencias a favor de otra de ámbito inferior (la Administración del Estado en una comunidad autónoma, la Administración autonómica en un ayuntamiento, etc.). Lo hace por razones de economía y de eficacia administrativa. Por ejemplo, cuando el Gobierno central delega en las comunidades autónomas la posibilidad de fijar el horario escolar (jornada continua o discontinua, etcétera).

La descentralización funcional es la que se realiza por servicios, es decir, el reparto o distribución del poder de gestión, otorgando, de esta manera, mayor libertad a los responsables del servicio público. Se podría poner como ejemplo un ayuntamiento que gestiona el transporte urbano a través de una empresa pública.

Figura 8.2. Esquema representativo de la descentralización.

4. Principio de desconcentración

La desconcentración, a diferencia de la descentralización, se define como el traspaso de competencias o funciones de un órgano administrativo superior a otro inferior, pero **dentro de la misma Administración.** Es una técnica que está muy relacionada con el principio de jerarquía y obedece a razones prácticas para descongestionar a los órganos superiores de atribuciones que pueden ser realizadas por otros órganos inferiores. Es lo que se llama «delegar».

A la vez, hace más viable una función especializada que satisfaga los intereses de los administrados. Dentro de la Administración del Estado, la desconcentración natural es la producida desde la Administración Central a los órganos periféricos.

5. Principio de coordinación

La coordinación es una necesidad resultante de la complejidad administrativa actual. Si el principio de jerarquía da respuesta a los problemas planteados por órganos escalonadamente dependientes, la coordinación viene a resolver los ocasionados entre órganos del mismo nivel jerárquico o entre distintas Administraciones cuyas actuaciones es necesario armonizar para evitar superposiciones.

El cumplimiento del principio de coordinación se ha de realizar a través de la planificación y de la distribución racional de funciones.

Actividad propuesta 8.1. Principios constitucionales

Asocia en la columna de la derecha (Asociación) la letra con su número correspondiente, es decir, asocia las finalidades perseguidas con la aplicación de cada principio constitucional.

Principios constitucionales	Finalidades pretendidas	Asociación
a) Eficacia.	1. Marcar cuáles son los órganos superiores y cuáles los inferiores.	
b) Jerarquía.	2. Resolver problemas entre organismos que tienen el mismo nivel de jerarquía.	
c) Descentralización.	3. Rentabilizar las inversiones públicas y racionalizar los ingresos y los gastos.	
d) Desconcentración.	4. Traspasar el poder de decisión de una administración a otra.	
e) Coordinación.	5. Traspasar competencias de un órgano superior a otro inferior.	

Figura 8.3. La estructura política española requiere de una importante acción de coordinación administrativa.

Actividad propuesta 8.2. La Administración

Responde a las siguientes cuestiones:

1. ¿Puede dar lugar a responsabilidad penal una actuación ilícita de la Administración?
2. Cita algún supuesto real de mal funcionamiento de la Administración que haya dado lugar a petición de indemnizaciones por los damnificados.
3. ¿Piensas que a la Administración se le debe exigir que sea eficaz y objetiva en su gestión?
4. ¿Qué diferencias aprecias entre los principios de descentralización y de desconcentración? Pon un ejemplo de cada uno.
5. ¿Qué principio sería más adecuado aplicar para resolver un conflicto entre un ministro y un secretario de Estado?

8.3. Administración Central del Estado: composición

Es aquella cuya competencia se extiende a todo el territorio nacional. Según el artículo 97 de la Constitución española «el Gobierno dirige la política interior y exterior, la Administración civil y militar y la defensa del Estado. Ejerce la función ejecutiva y la potestad reglamentaria de acuerdo con la Constitución y las leyes».

Los órganos superiores de la Administración del Estado son el Consejo de Ministros, las comisiones delegadas del Gobierno y los ministros.

El Gobierno se compone del presidente, del vicepresidente o vicepresidentes en su caso, de los ministros y de los demás miembros que establezca la ley (artículo 98.1 de la Constitución española).

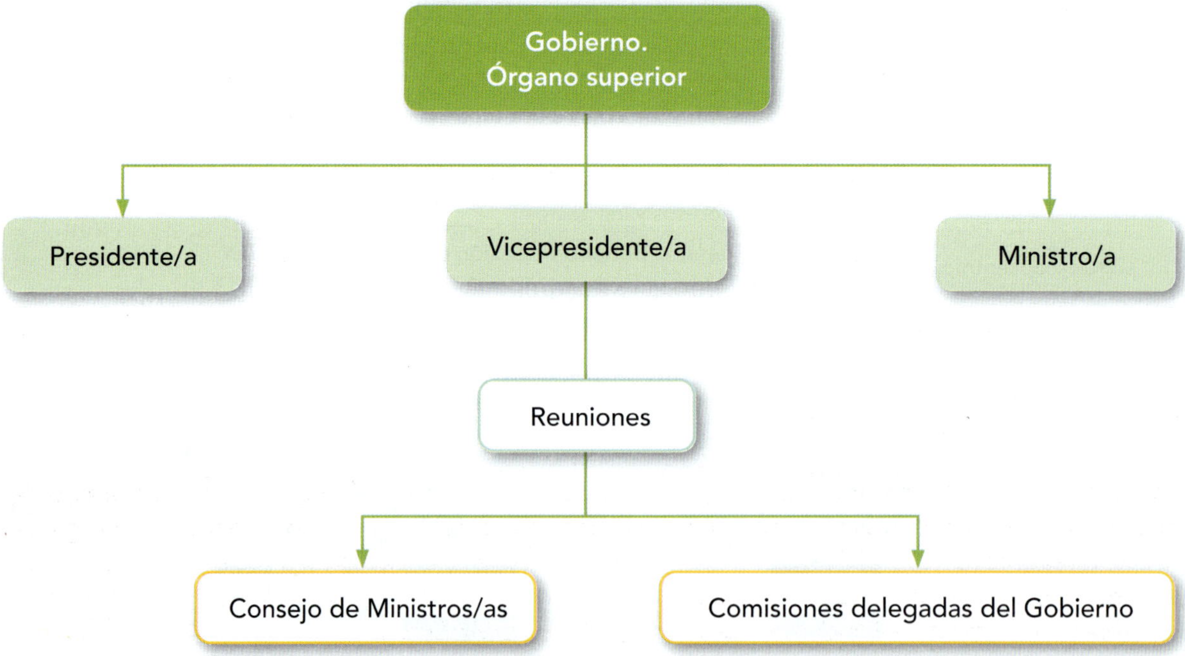

Figura 8.4. Esquema de la composición del Gobierno.

Sabías que

Existen unos miembros de obligada existencia (presidente y ministros) y otros cuya existencia será facultativa (los vicepresidentes, que podrán ser uno o varios).

8.3.1. Presidente del Gobierno

El presidente del Gobierno dirige la acción del Gobierno y coordina la actuación de sus miembros. Convoca y preside las reuniones del Consejo de Ministros (también puede ser presidido por el Rey, pero solamente a efectos de información y a petición del presidente del Gobierno, si el Monarca lo estima oportuno). Tiene las siguientes funciones:

1. Convocar y presidir el Consejo de Ministros.
2. Dirigir la acción del Gobierno y coordinar las funciones del resto de los miembros.
3. Proponer al Rey el nombramiento y cese de los ministros.
4. Plantear ante las Cortes Generales la cuestión de confianza.
5. Proponer al Rey la disolución de las Cortes Generales.
6. Solicitar al Rey la disolución del Consejo de Ministros.
7. Interponer, cuando proceda, el recurso de inconstitucionalidad.

Para saber más

La **acción de inconstitucionalidad** o **recurso de inconstitucionalidad** es una herramienta jurídica a través de la cual se pretende la declaración de inconstitucionalidad de una norma, alegando que atenta contra la ley fundamental de un Estado.

8.3.2. Vicepresidente/a del Gobierno

Como ya se ha mencionado, se trata de un órgano cuya existencia no es obligatoria y depende de la voluntad del presidente que exista uno, varios o ninguno. El vicepresidente asumirá las funciones del presidente en caso de fallecimiento, ausencia (por ejemplo, si está en el extranjero) o enfermedad, así como las que expresamente le delegue este.

8.3.3. Ministros/as

La Administración General del Estado se organiza en ministerios, comprendiendo cada uno de ellos uno o varios sectores funcionalmente homogéneos de actividad administrativa. Los ministros son nombrados por el Rey a propuesta del presidente del Gobierno, con el objeto de dirigir el ministerio asumiendo la responsabilidad que conlleva dicha dirección. El Rey no puede vetar ni negarse a nombrar a los candidatos propuestos por el presidente.

El presidente del Gobierno puede variar el número, el nombre y las competencias de los ministerios. De ellos dependen los secretarios de Estado. Estos ejercen las competencias sobre el sector de actividad administrativa que les delegue el ministro.

Las competencias de los ministros son las siguientes:

- Hacer reglamentos.
- Fijar los objetivos del ministerio, aprobar los planes de actuación de este y asignar los recursos humanos y materiales necesarios para su ejecución.
- Aprobar los gastos del ministerio.
- Determinar la organización interna del ministerio.
- Evaluar la realización de los planes de actuación del ministerio.

Actividad propuesta 8.3. Ministerios

Aunque el número de ministerios y su nombre es variable en función de cada Gobierno, siempre se ocupan de asuntos muy importantes para todos los ciudadanos. En la primera columna tienes el nombre de tres ministerios. Escribe en la segunda de qué tipo de asuntos o materias piensas que se hacen cargo.

Ministerio	Materias a su cargo
Ministerio de Asuntos Exteriores, Unión Europea y Cooperación	
Ministerio del Interior	
Ministerio de Justicia	

Figura 8.5. Sala donde se celebra el Consejo de Ministros. Suelen reunirse una vez por semana, normalmente los viernes. En él se tratan asuntos de interés general para el país.

8.3.4. Consejo de Ministros/as

A la reunión en pleno del Gobierno se le llama reunión del Consejo de Ministros, bajo la dirección del presidente del Gobierno. Existen dos supuestos especiales en los que no lo dirige el presidente:

- Cuando es presidido por el Rey, a petición del presidente del Gobierno y a efectos de ser informado de los asuntos de Estado.
- Cuando es presidido por un vicepresidente del Gobierno en sustitución del presidente, por ausencia o fallecimiento.

8.3.5. Comisiones delegadas del Gobierno

Las comisiones delegadas del Gobierno son creadas por este, y tienen funciones coordinadoras de la acción de los asuntos comunes a varios ministerios, de preparación y estudio de determinados asuntos que afecten a varios ministerios y exijan una propuesta conjunta, previa a su resolución en Consejo de Ministros. Por ejemplo, la Comisión Delegada del Gobierno para Asuntos Económicos.

Figura 8.6. Palacio de la Moncloa. Es la sede de la Presidencia del Gobierno de España y además es la residencia oficial del presidente del Gobierno español. Consta de trece edificios y alberga el Consejo de Ministros, el Gabinete del Presidente y la Secretaría de Estado de Comunicación, donde se celebran las ruedas de prensa.

8.4. Administración periférica del Estado

Con objeto de facilitar la gestión de los asuntos y que los órganos centrales de los ministerios no se vean desbordados de trabajo, se ha creado la Administración periférica, que se encuentra situada en el ámbito autonómico, provincial e insular, para gestionar en ese ámbito territorial determinados asuntos.

Sabías que

Para evitar colapsar la actividad de un ministerio, se permite que los delegados del Gobierno impongan determinadas multas hasta cierta cuantía. De este modo, esta parte del trabajo se pasa a nivel autonómico o provincial.

Las funciones de la Administración General del Estado son ejercidas, en las comunidades autónomas y en las provincias, por los siguientes órganos:

- En las comunidades autónomas, por los delegados del Gobierno.
- En las provincias, por los subdelegados del Gobierno.
- En las islas, por los directores insulares.

Actividad propuesta 8.4. Comisiones de Gobierno

Busca en internet y anota al menos dos comisiones delegadas de Gobierno que existan en la actualidad.

Figura 8.7. Órganos de la Administración periférica del Estado.

8.4.1. Delegados del Gobierno

Los delegados del Gobierno dependen de la Presidencia del Gobierno y ostentan la representación del Gobierno en la comunidad autónoma, mientras que el presidente de la comunidad autónoma ostenta la representación de esa comunidad, por lo que en los actos oficiales y, en caso de que ambos coincidan, siempre será el presidente de la comunidad quien tendrá la preferencia. Pueden tener diferente color político sin que esto suponga falta de colaboración entre ambos.

Los delegados del Gobierno ejercen la dirección y la supervisión de todos los servicios de la Administración General del Estado y los organismos públicos situados en su territorio. La principal función de estos consiste en proteger el libre ejercicio de los derechos y libertades de los ciudadanos y garantizar la seguridad ciudadana, a través de los subdelegados del Gobierno y de la jefatura de los cuerpos y fuerzas de seguridad del Estado, bajo la dependencia del Ministerio del Interior. Por ejemplo, en caso de catástrofes o emergencias en una población o varias poblaciones de una comunidad autónoma que tuviera consecuencias graves para la población, el encargado de organizar a bomberos, policía municipal, policía nacional o autonómica, ejército, etc., sería el delegado del Gobierno. Este tendrá a su disposición todos los medios materiales y humanos para proteger y salvar a la población, así como sus casas, pertenencias, etcétera.

8.4.2. Subdelegados del Gobierno

En cada provincia y bajo la dependencia del delegado del Gobierno, existe un subdelegado que será nombrado por el delegado del Gobierno en la comunidad autónoma. Entre sus competencias cabe destacar la de dirigir los servicios de la Administración General del Estado, de acuerdo con las instrucciones del delegado del Gobierno, dirigir los cuerpos y fuerzas de seguridad del Estado en la provincia y coordinar la protección civil en la provincia.

En las comunidades autónomas uniprovinciales esta figura no existe y las competencias de los subdelegados son asumidas por los delegados del Gobierno, excepto en la Comunidad de Madrid, donde también existe un subdelegado. En las islas existe un director insular en vez de un subdelegado del Gobierno, que ejerce las mismas competencias que este.

Actividad propuesta 8.5. Delegados del Gobierno

1. Busca e indica cuál es el nombre del delegado del Gobierno de la comunidad autónoma donde resides. ¿Y el del subdelegado del Gobierno?
2. ¿Dónde tiene la sede la delegación del Gobierno en la comunidad autónoma donde resides? ¿Y cuál es la de la subdelegación del Gobierno?

8.5. Administración General del Estado en el exterior

En un mundo global, la política exterior es cada vez más relevante. Es el Gobierno quien dirige y coordina esa política exterior. Existe un Consejo de Política Exterior para asesorar al presidente del Gobierno en estas cuestiones. Además, hay un grupo de emergencia consular para poder proteger a los ciudadanos españoles que se encuentran en otros países.

La Administración General del Estado en el exterior es la que se encarga de representar a España fuera de las fronteras ante otros estados o ante organismos internacionales. Está integrada por:

1. **Embajada:** es la representación diplomática de mayor categoría de un país en otro. Entre sus funciones están las de velar por los intereses de su Estado en el país anfitrión, promover las relaciones amistosas entre ambas naciones y actividades de desarrollo económico, cultural, científico, etc. entre ambos territorios y organizar visitas de Estado. El máximo dirigente es el embajador, que es la persona encargada de proteger los intereses de su país en el Estado en que se encuentra. Es el intermediario entre los dos gobiernos.

   La embajada tiene solamente una sede en el país anfitrión y generalmente es en la capital del Estado. El territorio que ocupa la embajada se considera propio de ese país.

Figura 8.8. Embajada española en Roma, Italia.

Vocabulario

Embajada concurrente: hace referencia a una embajada que se encuentra en un país, pero sin embargo actúa en varios.

2. **Misiones diplomáticas permanentes ante Estados:** representan al Reino de España ante los Estados con los que tienen relaciones diplomáticas. Coordinan la acción exterior en esos Estados. Cuenta con una jefatura, una cancillería encargada de gestionar los medios materiales y humanos, y otras cancillerías encargadas de diversos temas. Destacan también las oficinas económicas, culturales o del Instituto Cervantes.

Sabías que

En España el término **cancillería** hace referencia al local donde se encuentras las oficinas de una misión diplomática o un consulado.

3. **Representaciones o misiones diplomáticas:** representan a España ante una organización internacional, por ejemplo, ante la Organización Internacional del Trabajo (OIT).

Actividad resuelta 8.2. Representación diplomática

Indica las competencias de una representación diplomática.

Solución:

- **Delegaciones diplomáticas:** representan a España ante una conferencia o una cumbre de Estados.
- **Oficinas consulares:** son una representación permanente que mantiene un Estado en otro con el fin primordial de proteger y auxiliar a sus nacionales y fomentar las relaciones comerciales entre ambos países. La principal diferencia con una embajada es que, además de ser de menor rango, se preocupa de los conciudadanos que están viviendo en ese país. Al contrario que las embajadas, puede haber varios consulados en un mismo territorio y se suelen localizar en las principales ciudades. Las funciones que cumple un consulado y su máximo representante, el cónsul, son las siguientes:

  a) Renovar o expedir pasaportes y otros documentos oficiales.

  b) Transcribir los nacimientos, defunciones, adopciones, matrimonios, divorcios, etc., ocurridos en el extranjero.

  c) Ayudar a las personas detenidas o encarceladas y vigilar la legitimidad de los procedimientos judiciales.

  d) Asistir a los ciudadanos frente a una catástrofe o emergencia.

  e) Tramitar visas y permisos a ciudadanos extranjeros e información sobre los trámites para recibir permisos de entrada, de residencia o de trabajo.

  f) Ofrecer asistencia y ayuda financiera a los compatriotas indigentes o en otra situación de emergencia.

Actividad propuesta 8.6. Embajadas

1. Enumera cinco países en los que España tenga embajada.
2. Elige uno de esos cinco países y haz un informe donde aparezca: nombre del embajador y lugar donde se encuentra la embajada.
3. Busca si existe algún país donde España no tenga embajada.

Figura 8.9. Escudo oficial del Consulado de España en Boston, EE. UU.

Actividad propuesta 8.7. Órganos de la Administración

Asocia en la columna de la derecha (Asociación) la letra con su número correspondiente, es decir, asocia los órganos de la Administración del Estado en el exterior con la función que realizan.

Órgano de la Administración en el exterior	Función que realiza	Asociación
a) Embajada.	1. Representan a España ante una organización internacional.	
b) Misiones diplomáticas permanentes.	2. Representan a España ante una conferencia o una cumbre de Estados.	
c) Representaciones diplomáticas.	3. Son una representación permanente que mantiene un Estado en otro con el fin primordial de proteger y auxiliar a sus ciudadanos.	
d) Delegaciones diplomáticas.	4. Representan al Reino de España ante los Estados con los que tiene relaciones diplomáticas.	
e) Oficinas consulares.	5. Es la representación diplomática de mayor categoría de un país en otro. Entre sus funciones están las de velar por los intereses de su Estado en el país anfitrión.	

8.6. Administración consultiva

Las leyes españolas han creado una serie de organismos cuya misión es emitir dictámenes y asesorar a los organismos estatales; sus dictámenes no son vinculantes (salvo cuando lo indique la ley) sino simplemente orientadores sobre la función o disposiciones de los organismos ejecutivos. A todos estos organismos se les conoce como Administración consultiva.

Existen múltiples órganos consultivos, algunos de los cuales están presentes en todos los ministerios, como es el caso de los servicios jurídicos. Entre todos los órganos consultivos, destacan por su importancia el Consejo de Estado y el Consejo Económico y Social.

Figura 8.10. Esquema de los órganos consultivos españoles.

8.6.1. Consejo de Estado

El Consejo de Estado aporta autoridad, experiencia y conocimientos especialmente en temas jurídicos, procesos de elaboración de normas y responsabilidad patrimonial de las Administraciones públicas. Sus miembros son personas que han ocupado puestos muy relevantes en el Estado (por ejemplo, presidentes o vicepresidentes), que ocupan puestos de gran responsabilidad, o bien son personas de enorme relevancia profesional.

Su función principal es la de emitir dictámenes sobre cuantos asuntos le someten a consulta el Gobierno o sus miembros y las comunidades autónomas a través de sus presidentes. El dictamen es un documento en el que el Consejo de Estado expresa su criterio sobre las cuestiones que le han sido consultadas. El Consejo de Estado deberá ser consultado en asuntos de especial trascendencia, como proyectos de decretos leyes, tratados internacionales, transferencias de nuevas competencias a las comunidades autónomas, etcétera.

Figura 8.11. Palacio donde se celebra el Consejo de Estado en España. Se encuentra en Madrid.

8.6.2. Consejo Económico y Social

Es un órgano consultivo del Gobierno en materia socioeconómica y laboral. Aunque depende del Estado, funciona de manera autónoma a la hora de abordar su trabajo. Está formado por representantes de las organizaciones sindicales y empresariales, por representantes de los consumidores y usuarios y por expertos en las materias socioeconómicas y laborales. Sus principales funciones son:

- Emitir dictámenes sobre futuras leyes que van a regular materias económicas y laborales.
- Elaborar estudios e informes sobre materias socioeconómicas.

Esta institución cuenta con una homóloga a nivel europeo con el mismo nombre, el Consejo Económico y Social Europeo, y de otras en España a nivel autonómico.

8.7. Organismos públicos

Bajo esta denominación se agrupan una gran variedad de entidades cuyos fines específicos son los de **servicio público.** La «descentralización funcional» de la que ya se ha hablado al comienzo de esta unidad es el origen de esos organismos públicos. Su objeto es realizar actividades o prestar servicios. Están adscritos, por razón de la materia, a un ministerio. Las comunidades autónomas y las corporaciones locales también pueden crear organismos públicos. Tienen personalidad jurídica propia, patrimonio y tesorería propios, así como autonomía de gestión. Los organismos públicos se clasifican en organismos autónomos y entidades públicas empresariales.

Figura 8.12. División de los organismos públicos.

8.7.1. Organismos autónomos

Los organismos autónomos dependen de un ministerio y tienen encomendada la realización de:

- Actividades fundamentalmente administrativas.
- Actividades de prestación y gestión de servicios públicos.
- Administración de los bienes del Estado.

Algunos ejemplos son el Fondo de Garantía Salarial y el SEPE o Servicio Estatal Público de Empleo.

Figura 8.13. El SEPE se centra en la ordenación, desarrollo y seguimiento de los programas y medidas de la política de empleo.

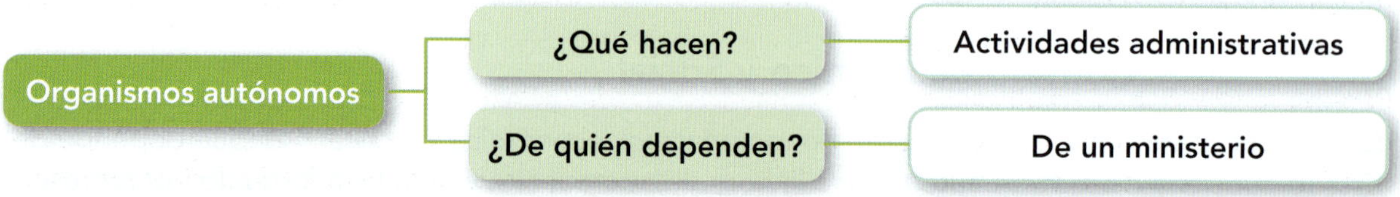

Figura 8.14. Esquema de los organismos autónomos.

8.7.2. Entidades públicas empresariales

Son organismos públicos, dependientes de un ministerio, a los que se encomienda la realización de actividades de prestación y gestión de servicios públicos o la producción de bienes de interés público susceptible de contraprestación. Realizan actividades industriales, mercantiles, de transportes, etc. Se financian fundamentalmente con los ingresos que se derivan de sus operaciones. Correos y Renfe son ejemplos de este tipo de entidades.

Figura 8.15. Esquema de los organismos públicos.

8.8. Control financiero de la actividad económico-financiera en la Administración pública

La Administración pública, tanto la central, como la autonómica y la local, maneja un volumen muy importante de dinero que los ciudadanos han aportado a través de los impuestos. Este dinero tiene que servir para satisfacer las necesidades de la sociedad.

Para garantizar que la actividad económico-financiera de la Administración se adecua a los principios de legalidad, economía, eficacia y eficiencia se han creado órganos que controlan esa actividad económico-financiera. Este control contribuye a reforzar la transparencia ante el ciudadano de las cuentas de la Administración concreta de que se trate, de forma que esta proporcione una información fiable, completa, profesional e independiente sobre la gestión que ha desarrollado o que va a desarrollar.

Para salvaguardar la integridad de los bienes y caudales de la Administración pública, y para garantizar una adecuada gestión económica, la legislación ha establecido diversos controles sobre esta actividad.

Figura 8.16. El control financiero de la Administración.

8.8.1. Control interno

La función del control interno la ejerce la Intervención General de la Administración del Estado. Se trata de un órgano que depende del Consejo de Ministros. Es realizado por personal perteneciente a la propia Administración, con la finalidad de proporcionar un grado razonable de confianza en el cumplimiento de las leyes y normas aplicables, la fiabilidad de la información financiera y la eficacia y eficiencia de las operaciones.

Este tipo de control se hace antes de realizar el gasto, comprobando en qué se va a gastar el dinero, si es necesario ese gasto y, por último, si va en beneficio de la sociedad en general. Por ejemplo, el Gobierno destina en sus presupuestos una partida de dinero para becas a alumnos que estudian ciclos formativos. La Intervención General del Estado controlaría si es necesario realizar ese gasto y a quién iría dirigido.

8.8.2. Control externo

El objetivo del control externo es determinar el sometimiento de la actividad económico-financiera de la Administración a los principios de legalidad, eficiencia y economía, en relación con la ejecución de los presupuestos de ingresos y gastos. Se realiza a través de una institución ajena a la propia Administración (el Tribunal de Cuentas), y una vez que ya se ha realizado el gasto público.

El examen, el análisis y la valoración de la gestión económica de la Administración se materializan en un informe de fiscalización. Tiene el carácter de externo a la propia Administración, ya que se realiza por personal especializado que no está adscrito a la misma.

Para saber más

El Tribunal de Cuentas es el órgano fiscalizador de las cuentas y de la gestión económica del Estado. Está reconocido en la Constitución Española como el supremo órgano fiscalizador de las cuentas y de la gestión económica del sector público. No depende del Gobierno, sino directamente de las Cortes Generales, y está formado por doce miembros: seis asignados por el Congreso y seis asignados por el Senado.

Siguiendo con el ejemplo anterior, sería el Tribunal de Cuentas quien fiscalizaría si el dinero asignado a becas para alumnos que cursan ciclos formativos ha sido destinado realmente para ese fin.

Mapa conceptual

Estructura de la Administración pública

- La Administración del Estado (La mayor) art. 103 CEI. Satisfacer y gestionar los intereses de los ciudadanos, dotándoles de recursos económicos y humanos (personal al servicio de la Administración).
  - a) Central: su competencia se extiende a todo el territorio nacional. Actúa siempre teniendo en cuenta el interés general. Está formada por:
    - Gobierno.
    - Presidente.
    - Vicepresidente.
    - Ministros.
  - b) Periférica: representa al Gobierno de la nación en los territorios autonómicos. Tiene presencia en todas las autonomías, a través de:
    - Delegados del Gobierno (CC. AA.).
    - Subdelegados del Gobierno (provincia).
  - c) Consultiva: su función es de asesoramiento, tanto a la Administración central como a la autonómica. Está formada por:
    - Consejo de Estado.
    - Consejo Económico y Social.
  - d) Fiscalizadora: vela porque el control económico y financiero se haga conforme a la ley y a los intereses de todos los ciudadanos. Hay dos tipos de controles:
    - Interno: (antes de realizar el gasto) y lo realiza la Intervención General del Estado.
    - Externo: (posterior a la realización del gasto) lo realiza el Tribunal de Cuentas.
- La Administración de las CC. AA. es muy parecida a la del Estado, pero a nivel de comunidad autónoma.
- Administraciones locales (provincia y municipios).
- **Organismos públicos** Entidades cuyo objetivo es realizar actividades o prestar servicios.
  - **Organismos autónomos** Prestación y gestión de servicios públicos sin contraprestación.
  - **Entidades públicas empresariales** Prestación y gestión de servicios públicos con contraprestación.

LEE Y REFLEXIONA

Lee el artículo «El Congreso 'examinará' a De la Vega el día 27 por su nombramiento como presidenta del Consejo de Estado», publicado por *Esdiario* el 25 de junio de 2018.

El Congreso 'examinará' a De la Vega el día 27 por su nombramiento como presidenta del Consejo de Estado

«La exvicepresidenta del Gobierno **María Teresa Fernández de la Vega** deberá someterse el próximo miércoles, 27 de junio, al examen de idoneidad en el Congreso de los Diputados tras ser propuesta por el Ejecutivo de **Pedro Sánchez** como nueva presidenta del **Consejo de Estado.**

El presidente anunció hace pocos días su decisión de proponerla para ser la primera presidenta que tenga el Consejo de Estado, el supremo órgano consultivo del Gobierno donde De la Vega es consejera desde **2010.**

Pero, antes de tomar posesión de su nuevo cargo, De la Vega debe recibir el apoyo de la **Cámara Baja,** como así lo establece la **Ley de Incompatibilidades de Altos Cargos,** cita que tendrá lugar el mencionado día 27.

Comparecencia parlamentaria

Esta norma establece en su disposición adicional tercera que el Gobierno pondrá en conocimiento del Congreso, con carácter previo a su nombramiento, el **nombre del candidato** propuesto para presidir el Consejo de Estado con el fin de que pueda disponer su comparecencia parlamentaria.

El objetivo es que el Congreso pueda examinar a la candidata, a la que los diputados **podrán formular las preguntas** o solicitar las aclaraciones que crean convenientes. La Comisión emitirá posteriormente un **dictamen** en el que se pronunciará sobre si se aprecia su idoneidad o la existencia de conflicto de intereses, especifica la norma.

La Ley Orgánica del Consejo de Estado señala que los presidentes de este órgano deben ser **«juristas de reconocido prestigio** y experiencia en asuntos de Estado», condiciones que cumple Fernández de la Vega pues desde **1974** pertenece al cuerpo de secretarios judiciales y después accedió a la condición de magistrada por el **cuarto turno,** además de haber desempeñado una carrera política que ha incluido puestos como **secretaria de Estado de Justicia** (1994-1996) y vicepresidenta del Gobierno (2004-2010).

La ley de incompatibilidades

Dicha ley no establece más requisitos, pues indica que el presidente será nombrado «libremente» por real decreto acordado en Consejo de Ministros, pero el Ejecutivo de Pedro Sánchez quiere dar un paso más siendo escrupuloso en su relación con el **Parlamento.** Por eso, dará la opción al Congreso de examinar a su candidata, tal y como contempla la mencionada Ley de Incompatibilidades de Altos Cargos.

La función del Consejo de Estado es la emisión de **dictámenes** a petición del Gobierno —los gobiernos de las comunidades autónomas también pueden solicitarlos—, que son preceptivos en el caso de reforma o elaboración de leyes orgánicas.

De la Vega, de 69 años, juez y portavoz del Ejecutivo socialista entre 2004 y 2010, es miembro del Consejo de Estado desde 2010.

Dotada de gran experiencia en el ámbito judicial, desarrolló su carrera profesional en la **Administración de justicia** —llegó a magistrada de lo Social— antes de dedicarse plenamente a la política.

Fuente: https://www.europapress.es/nacional/noticia-congreso-examinara-vega-dia-27-nombramiento-presidenta-consejo-estado-20180621130044.html

CUESTIONES

A continuación, contesta a las siguientes preguntas, explicando y razonando las respuestas:

1. ¿Quién propone al presidente del Consejo de Estado?
2. ¿Ante quién se propone el candidato a presidente del Consejo de Estado?
3. ¿Qué requisitos debe tener el presidente del Consejo de Estado?
4. ¿Cuáles son las funciones del presidente del Consejo de Estado?

Actividades finales

De comprobación

8.1. ¿En qué consiste el principio de descentralización en la Administración?

a) En el traspaso de funciones de una Administración a otra.

b) En la proporcionalidad entre medios con los que cuenta la Administración y los objetivos a cumplir.

c) En resolver los problemas que surjan entre distintas Administraciones.

8.2. En el principio de jerarquía…

a) Los órganos inferiores son responsables de los órganos superiores.

b) Los órganos inferiores fiscalizan la conducta de los superiores.

c) Los órganos superiores son los que marcan qué tareas deben realizar los órganos inferiores.

8.3. Entre las funciones del presidente del Gobierno se encuentran…

a) Pedir al Rey permiso para nombrar a los ministros.

b) Solicitar al Rey la convocatoria de las Cortes Generales.

c) Dirigir la acción del Gobierno.

8.4. ¿Cuáles son competencias de los ministros?

a) Hacer reales decretos.

b) Interponer, cuando proceda, recurso de inconstitucionalidad.

c) Aprobar los gastos del ministerio.

8.5. ¿Dónde no existe subdelegado del Gobierno?

a) Almería.

b) Murcia.

c) Badajoz.

8.6. ¿Cuáles no son las funciones del consulado?

a) Representar al Estado ante el país en que se encuentra destinado.

b) Ayudar a los ciudadanos españoles frente a una catástrofe o emergencia en un país extranjero.

c) Ayudar a los ciudadanos españoles encarcelados en otros países.

8.7. ¿A quién representa el delegado del Gobierno en la comunidad autónoma?

a) Al Rey.

b) Al Estado.

c) Al Gobierno.

8.8. ¿Ante quién rinde cuentas el Tribunal de Cuentas?

a) El Gobierno.

b) El Tribunal Supremo.

c) Las Cortes Generales.

8.9. ¿Quién o quiénes no forman parte del Consejo Económico y Social?

a) Los representantes de los sindicatos.

b) El secretario de Estado para el Deporte.

c) Los representantes de los empresarios.

8.10. El Consejo de Estado no…

a) Es consultado para asuntos referentes a proyectos de decretos leyes.

b) Vincula con sus dictámenes, en cualquier caso.

c) Es consultado por el Gobierno.

8.11. La desconcentración tiene lugar...

a) Dentro de la misma Administración.

b) Entre dos Administraciones diferentes.

c) Entre dos poderes estatales distintos.

8.12. Los delegados del Gobierno en las comunidades autónomas se integran en la Administración…

a) Autonómica.

b) Central del Estado.

c) Periférica del Estado.

Actividades finales

De aplicación

8.13. Realiza un esquema en el que se represente de forma global la Administración pública española.

8.14. ¿Qué órganos componen la Administración General del Estado?

8.15. ¿Quiénes componen el Gobierno?

8.16. ¿Qué funciones competen al presidente del Gobierno? ¿Y al vicepresidente?

8.17. Realiza un informe en el que se recojan al menos los siguientes datos:

- Personas que desempeñan los cargos de presidente y vicepresidente del Gobierno.
- Partido al que pertenecen.
- Si el presidente es apoyado por la mayoría de los diputados.
- Qué partidos diferentes al del presidente lo apoyan.

8.18. ¿Cuáles son las funciones de un ministro?

8.19. Realiza una relación de los ministerios que existen actualmente y de los ministros titulares.

8.20. ¿Qué es un delegado del Gobierno? ¿Cuáles son sus funciones?

8.21. ¿Qué órganos forman la Administración del Estado en el exterior?

8.22. ¿Qué función tienen los organismos autónomos? Enumera los organismos autónomos que conozcas.

8.23. ¿Para qué ha sido creado el Consejo de Estado?

8.24. ¿En qué asuntos ha de ser consultado el Consejo Económico y Social?

8.25. ¿Para qué sirve el Tribunal de Cuentas?

De ampliación

8.26. Busca en la Constitución el título que trata del Gobierno y de la Administración y realiza un esquema de los pasos que se han de seguir para nombrar al presidente del Gobierno.

8.27. Después de haber realizado el estudio de la actividad anterior, podrás decir si las siguientes afirmaciones son verdaderas o falsas:

a) El Rey propone un candidato al Senado.

b) Es nombrado por el Rey el candidato que en primera votación alcanza mayoría absoluta.

c) El Congreso de los Diputados nombra presidente del Gobierno al candidato que en primera votación alcanza mayoría absoluta.

d) Si en primera votación no se alcanza mayoría absoluta, el Rey disuelve el Congreso en el plazo de quince días.

e) Si en primera votación no se alcanza mayoría absoluta, el Rey nombra presidente al candidato que en segunda votación alcanza mayoría simple.

8.28. Enumera las funciones de la Intervención General de la Administración del Estado.

8.29. Busca en internet algún recurso de inconstitucionalidad que haya interpuesto el Gobierno de la Nación.